**Learning German Through Storytelli
Germ**

© 2014 LearnOutLive
Story, concept and layout by André Klein
Illustrations by Sanja Klein, except except cover figure from *Costumes Historiques* via OldBookArt.com (Public Domain)

ISBN-13: 978-1493558834
ISBN-10: 1493558838

learnoutlive.com

Table of Contents

Introduction 3

    How To Read This Book 4

    Comments on Language 6

Erster Teil: Flüchtlinge 7

Zweiter Teil: Unter Tage 42

Dritter Teil: Der Palast 97

About this Book 196

About the Author 197

Acknowledgements 198

Get Free News & Updates 199

Maps & More 200

You Might Also Like 204

Introduction

This is the sequel to Genowrin, the interactive fantasy adventure for German learners.

From all over the kingdom people are flocking to your hometown in hope of finding shelter from the rampaging armies of the tyrant king. The time has come to storm his palace and end his evil machinations once and for all.

This interactive adventure ebook for German learners puts the reader at the heart of the action. Boost your grammar by engaging in sword fights, improve your conversation skills by interacting with interesting people and enhance your vocabulary while exploring forests and dungeons.

Why brood over grammar sheets and lifeless workbooks when you can be entertained and learn German along the way?

How To Read This Book

PLEASE READ: This book is not a linear story. Each reader will experience a slightly different story based on their choices. Here's how it works:

I. Flip & Choose

Keep turning the pages forward like in any other book until you reach the following symbol:

This separation mark means that you have reached the end of a scene and need to make a choice by turning to the page number shown in the brackets. If you have reached the end of a scene but can't see the choices, turn the page backwards.

II. Sword Fights

When you see the crossed swords icon ⚔, you are in a battle situation. You fight by answering a language related question. If you answer correctly, you move on to the next scene. If you answer wrongly, you die.

III. Reincarnation & Repetition

If you die, as indicated by the skull icon, you can either start all over again ("von vorne beginnen") or jump back to the previous scene so long as you remember your last page. Note: Repetition is the best way to retain new words and expressions.

IV. Don't Get Lost In The Wildnerness

In certain parts of this book you'll have to navigate through mazes by selecting your path based on the four cardinal directions N, O, S, W (in German, we say "Ost" instead of "East").

To avoid going in circles, you can either sketch out your own map as you read or consult the maps attached to the end of this book. Available maps are marked in the text with a push pin icon.

You can also download these maps and print them out by typing the following URL in your web-browser: **learnoutlive.com/shanima-maps**

Comments on Language

The language people speak in this fantasy kingdom is optimized to be both authentic and easily understandable for modern learners. Archaic words and expressions are marked *[arch]* in the dictionary. Names of fantasy locations, gods and people are italicized.

In dealing with difficult or unknown words there are two options. Either you can use the mini-vocabulary appended to each scene or consult a good electronic dictionary (such as *dict.cc*) *on* your smartphone or desktop computer.

Erster Teil: Flüchtlinge

Du betrittst *Genowrin* mit deinem Bruder Akon, doch du erkennst die Stadt kaum wieder. Sieben Tage und sieben Nächte habt ihr zusammen im Wald in Akons Hütte gewohnt. Am Tage habt ihr Wild gejagt und Beeren gesammelt, in der Nacht habt ihr bei Kerzenschein lange Gespräche geführt. Knapp ein Dutzend Jahre habt ihr euch nicht gesehen. Es gab viel aufzuholen.

Nach der Ruhe des Waldes fühlt sich die Stadt geschäftig und laut an. Links und rechts strömen Menschen durch die Stadttore, über den Marktplatz hindurch in Richtung des Tempelviertels. Sie tragen ihr Hab und Gut auf dem Rücken oder ziehen Holzkarren hinter sich her. Die Luft ist erfüllt von Kindergeschrei und Hundegebell.

Rund um die Mond- und Sonnentempel kommt der Menschenstrom zur Ruhe. Hunderte von Menschen warten vor den Toren. Ihre Kleider sind ungewaschen. Sie sitzen, stehen oder schlafen auf Strohmatten im Rinnstein. Frauen stillen ihre Kinder, und Händler bieten ihre Waren feil. Auf kleinen Lagerfeuern köcheln Suppen vor sich hin. Hier und da führt jemand eine Ziege an einer Leine.

mit einem der Leute reden (13)

mit Bruder Akon sprechen (11)

weitergehen (18)

betreten: to enter, **wiedererkennen**: to recognize, **Hütte**: cottage, **am Tage**: the day, **Wild**: game, **jagen**: to hunt, **Beeren**: berries, **sammeln**: to collect, **Kerzenschein**: candlelight, **ein Gespräch führen**: to have a conversation, **knapp**: almost, **es gibt viel aufzuholen**: there's a lot to catch up on, **Ruhe**: rest, **Wald**: forest, **es fühlt sich ... an**: it feels (like) ..., **tatsächlich**: actually, **ungewöhnlich**: unusually, **geschäftig**: busy, **strömen**: to flock, **Stadttor**: city gate, **Marktplatz**: marketplace, **hindurch**: through, **in Richtung des**: in the direction of, **Tempelviertel**: temple quarter, **Hab und Gut**: belongings, **auf dem**

Rücken: on the back, **ziehen**: to pull, **Holzkarren**: wooden carts, **etw. hinter sich herziehen**: to drag sth. along behind one, **Luft**: air, **erfüllt von**: abuzz with, **Kindergeschrei**: clamor of children, **Hundegebell**: barking, **rund um etw.**: around sth., **Menschenstrom**: stream of people, **zur Ruhe kommen**: to come to rest, **Hunderte**: hundreds, **Kleider**: clothes, **ungewaschen**: unwashed, **Strohmatte**: straw mat, **Rinnstein**: gutter, **stillen**: to nurse, **Händler**: merchant, **feilbieten**: to offer for sale, **Waren**: goods, **Lagerfeuer**: campfire, **vor sich hin köcheln**: to simmer away, **hier und da**: here and there, **führen**: to lead, **Ziege**: goat, **Leine**: leash, **Leute**: people

„Was wollen all die Menschen?", fragst du Akon. Er schüttelt den Kopf und sagt: „Es scheint, sie suchen Schutz in den Tempeln."

„Aber die Tempel sind verschlossen", sagst du. „Die Priester *Genowrins* sind geflohen."

Akon nickt und sagt: „Schau sie dir an! *Genowrin* ist die einzige Tempelstadt in diesem Teil des Königreichs. Die Menschen sind verzweifelt und hoffen nun auf die Gnade der Götter."

„Aber wo kommen sie her? Die Gesichter sind mir unbekannt. Ich höre ferne Dialekte. Sie sind nicht von hier."

die Menschenmenge betrachten (17)

mit einem der Menschen sprechen (13)

den Kopf schütteln: shake ones head, **es scheint**: it seems, **Schutz suchen**: to seek shelter, **verschlossen**: locked, **Priester**: priests, **fliehen**: flee, **nicken**: to nod, **einzig**: only, **Königreich**: kingdom, **verzweifelt**: desperate, **auf etw. hoffen**: hope for sth., **Gnade**: mercy, **Götter**: gods, **unbekannt**: unknown, **fern**: distant, **Dialekt**: dialect, **Menschenmenge**: crowd

ANDRÉ KLEIN

Du sprichst einen alten Mann an, aber er reagiert nicht. Entweder ist er taub, oder er will nicht mit dir sprechen. Du tippst eine Frau auf die Schulter, sie dreht sich verschreckt um und läuft davon. Da siehst du zwei schmutzige Kinder – ein Mädchen und ein Junge, die durch die Menge rennen. Als der Junge an dir vorbeirennt, packst du ihn am Kragen. Er zappelt, blickt sich um, und schaut nach oben. „Worauf warten all die Menschen?", fragst du.

„Ich weiß nicht", ruft der Junge. „Gib mir einen Heller. Vielleicht kann ich mich dann erinnern." Er grinst und bohrt in der Nase.

dem Jungen einen Heller geben (15)

weitergehen (18)

jdn. ansprechen: to address oneself to sb., **reagieren**: to react, **entweder ... oder**: either ... or, **taub**: deaf, **auf die Schulter tippen**: to tap on the shoulder, **sich umdrehen**: to turn around, **verschreckt**: scared, **davonlaufen**: to run away, **schmutzig**: filthy, **Menge**: crowd, **an jdm. vorbeirennen**: to run past sb., **jdn. am Kragen packen**: to seize sb. by the collar, **zappeln**: to flounce, **sich umblicken**: to look around, **nach oben**: upwards, **Heller [arch.]**: medieval German currency, **grinsen**: to grin, **in der Nase bohren**: to pick one's nose

ANDRÉ KLEIN

Du fischst eine Münze aus deiner Tasche und hältst sie dem Jungen unter die Nase. Er schnappt nach dem Geld. Du ziehst die Hand zurück und sagst: „Nein. Sag uns erst, was du weißt!"

„Die Leute warten auf *Ygbals* Urteil", sagt der Junge.

„*Ygbal*, der Sonnengott?", fragst du und lachst. „Wisst ihr nicht, dass die Priester die Stadt verlassen haben?"

Der Junge runzelt die Stirn. „Wo kommt ihr her? Ihr seid nicht von hier", sagst du.

Der Junge schüttelt den Kopf. „Ich bin aus *Asternon*", sagt er.

„*Asternon* und *Orowin* wurden von der Armee *Katanos* zerstört", sagst du. Der Junge schaut dich mit großen Augen an. Dann öffnet er seine Hand und sagt: „Mein Heller!" Als du ihm die Münze gibst, rennt er davon.

„*Asternon*", sagt Akon. „Die Armee hat keinen Stein auf dem anderen gelassen."

„Es scheint, alle Flüchtlinge des Landes sind in *Genowrin* zusammengekommen", sagst du und weist mit deinem Arm in die Menge.

ANDRÉ KLEIN

zum Sonnentempel gehen (17)

fischen: to fish, **Münze**: coin, **Tasche**: bag, **jdm. etw. unter die Nase halten**: to dangle sth. in front of someone, **nach etw. schnappen**: to snatch at sth., **zurückziehen**: pull back, **Urteil**: judgment, **Priester**: priests, **verlassen**: to leave, **die Stirn runzeln**: to frown, **zerstören**: destroy, **jdn. mit großen Augen anschauen**: to give sb. a blank look, **keinen Stein auf dem anderen lassen**: to leave no stone left standing on another, **Flüchtlinge**: refugees, **zusammenkommen**: come together, **weisen**: to indicate

Vor dem Tor des Sonnentempels sitzt eine Gruppe alter Frauen auf dem kalten Stein. Das Tor ist verschlossen. „Die Priester haben die Stadt verlassen", rufst du den Frauen zu. „Es hat keinen Zweck zu warten."

Die Frauen bewegen sich nicht. Eine von ihnen sagt leise: „Wir haben keine Wahl. Unsere Häuser sind zerstört. Lieber sitzen wir vor den verschlossenen Toren der Götter als in Schutt und Asche unserer Städte."

zurückgehen (8)

weitergehen (18)

jdm. zurufen: to shout out to sb., **es hat keinen Zweck**: there's no point, **leise**: softly, **keine Wahl haben**: to have no choice, **lieber**: preferably, **Götter**: gods, **in Schutt und Asche**: rubble and ashes

Ihr geht weiter durch das Gedränge. Neben dem Mondtempel liegen unzählige Menschen und schlafen. Über einem rußigen Feuer hängt ein schwerer Kochtopf. Zwischen deinen Beinen flattert ein Huhn hindurch und gackert.

„Und jetzt?", fragst du Akon.

„Wir müssen den Magier wiederfinden", sagt Akon. „Und das Buch *Aschkalons* zurückbringen."

„Du meinst den Bettler?", fragst du. Akon nickt. „Magier, Bettler, Priester, wie auch immer."

„Aber wie sollen wir ihn in all dem Tumult finden?", fragst du. „Als ich ihn das erste Mal traf, waren die Straßen *Genowrins* menschenleer."

„Ich habe eine Idee", sagt Akon. „Nimm das Buch heraus!"

Du nimmst das Buch *Aschkalons* aus einem Beutel. Es ist schwer wie Blei.

„Schließ deine Augen und öffne das Buch wahllos", sagt Akon.

„Was soll das?", fragst du.

„In meinem Versteck im Wald habe ich oft in dem Buch gelesen. Die hilfreichsten Stellen habe ich entdeckt, indem ich es zufällig geöffnet habe. Es ist kein gewöhnliches Buch" sagt Akon. „Es ist wie ein Kompass."

„Na gut", sagst du. Du balancierst das Buch mit einer Hand auf deinem Knie, schließt die Augen und schlägst eine Seite auf.

„*In den Augen eines blinden Kamels liegt das Meer*", liest du. „Was bedeutet das?"

„Ich weiß es nicht", sagt Akon. „Was steht weiter geschrieben?"

„*Das Rad aus Feuer tanzt über den Horizont. Wenn es den höchsten Stand erreicht hat, öffnen sich Tür und Tor.*"

„Rad aus Feuer?", sagst du.

„Die Sonne", sagt Akon und blickt in den Himmel. „Schau!"

Hinter ein paar Wolken kommt die Sonne hervor. „Los!", ruft Akon.

Akon folgen (21)

zurückgehen (17)

Gedränge: jostle, **unzählig**: countless, **rußig**: sooty, **Kochtopf**: saucepan, **flattern**: to flutter, **gackern**: to cluck, **Magier**: mage, **zurückbringen**: to return, **Bettler**: beggar, **wie**

auch immer: whatever, **Tumult**: turmoil, **menschenleer**: devoid of people, **Beutel**: pouch, **schwer wie Blei**: like a lead weight, **wahllos**: indiscriminately, **Was soll das?**: What's the point of that?, **Versteck**: hideaway, **hilfreich**: helpful, **indem**: by, **zufällig**: randomly, **Kompass**: compass, **Na gut**: Fair enough, **balancieren**: to balance, **eine Seite aufschlagen**: a turn the page, **es steht geschrieben**: it is written, **Rad**: wheel, **Horizont**: horizon, **höchster Stand**: highest position, **Tür**: door, **Himmel**: sky, **Wolke**: cloud, **hervorkommen**: to emerge, **Los!**: Go!

Du folgst Akon durch die Menschenmenge. Immer wieder versperren Holzkarren den Weg. Du blickst abwechselnd in den Himmel und nach vorne. Die Sonne taucht hinter einer dunklen Wolke unter. Du läufst weiter, die Augen nach oben gerichtet, als du gegen etwas Hartes stößt. Einen Moment lang ist alles schwarz.

„Bei *Ygbal*!", ruft eine Stimme.

Dein Kopf schmerzt. Langsam öffnest du die Augen und sagst: „*Gutemir*?"

„In der Tat", sagt *Gutemir* und reibt seine Stirn. „Du hast einen Kopf aus Stahl! Glücklicherweise ist der meine nicht weniger robust. Wärest du mit jemand anderem kollidiert, hätte es böse ausgehen können."

„Was ist geschehen?" (23)

versperren: to block, **abwechselnd**: alternately, **untertauchen**: to disappear, **gerichtet**: pointed, **gegen etw. stoßen**: to bump against sth, **etwas Hartes**: something hard, **einen Moment lang**: for a moment, **reiben**: to rub, **Stahl**: steel, **glücklicherweise**: fortunately, **der meine**: mine, **nicht weniger**: not less, **robust**: robust, **kollidieren**: to collide, **böse ausgehen**: to turn out badly

ANDRÉ KLEIN

„Was geschehen ist?", fragt *Gutemir*. „Du bist in mich hineingerannt wie ein blinder Ochse!"

„Nein", sagst du und lachst. „Das meine ich nicht."

„Du meinst das?", fragt *Gutemir* und weist mit seinem Arm in die Menschenmenge.

Du nickst. *Gutemir* legt seinen Arm um deine Schulter und sagt: „Das ist gewissermaßen dein Verdienst. Nachdem du die Stadt vor *Katanos* Armee bewahrt hast, hat sich die Nachricht wie ein Lauffeuer verbreitet. Die Menschen glauben, dass die Stadt im speziellen Schutz der Götter steht. Und nun kommen sie aus allen Himmelsrichtungen."

„Aber, die Donnerkugel ...", sagst du.

Gutemir nickt. „Natürlich. Wir haben unseren Sieg der Wissenschaft zu verdanken, nicht der Religion. Aber so ist das Volk. Man spricht von Handwerk und sie verstehen bloß Zauberei."

„Und unsere Priester?", fragst du.

„Sie sind über alle sieben Berge. Was sie nicht wissen, ist, dass ihnen das Geschäft ihres Lebens entgeht. Schau dir nur all die Menschen an! Sie wollen nichts lieber, als ihr letztes Geld für ein Rauchopfer oder Bittgebet hingeben."

„Du sprichst vom Glauben, als sei er nichts weiter als Handel", sagst du. „Und doch sehe ich Schmerz in den Augen der Menschen – Furcht und Hoffnungslosigkeit. Wenn ihnen ein bisschen Brimborium das Herz erleichtert, warum nicht?"

Gutemir zuckt mit den Schultern. „Ich bin nur ein einfacher Schmied. Willst du den Menschen erklären, dass sie umsonst warten?"

Du schüttelst den Kopf. „Ich habe versucht, mit ihnen zu reden, aber sie wollen nicht hören. Sag, *Gutemir*, ich habe eine Frage."

„Nur zu", sagt *Gutemir*.

Gutemir nach dem Magier fragen (26)

Was ist geschehen?: What happened?, **in jdn. hineinrennen**: to bump into sb., **Ochse**: ox, **gewissermaßen**: so to speak, **Verdienst**: merit, **jdn./etw. vor etw. bewahren.**: to save sb./sth. from sth., **Nachricht**: news, **wie ein Lauffeuer verbreiten**: to spread like wildfire, **aus allen Himmelsrichtungen**: from all directions, **Donnerkugel**: thunder ball, **etw. jdm./etw. zu verdanken haben**: to owe sth. to sb./sth., **Wissenschaft**: science, **Volk**: people, **Handwerk**: craftsmanship, **Zauberei**: sorcery, **über alle sieben Berge sein**: to be long gone, **das Geschäft ihres Lebens**: the deal of a lifetime, **entgehen**: to miss out, **Rauchopfer**: incense offering, **Bittgebet**: petitionary prayer, **Handel**: trade, **Furcht**: fear, **Hoffnungslosigkeit**: hopelessness, **Brimborium**: rigmarole, **das Herz erleichtern**: to ease oneself, **Schmied**: blacksmith, **umsonst**: in vain, **Nur zu**: Be my guest

„Ich suche nach einem alten Mann", sagst du. „Er ist ein Priester oder Magier, aber er trägt die Kleider eines Bettlers."

Gutemir lacht und sagt: „Bei *Ygbal*! Sieh dich um! In diesen traurigen Zeiten trägt ein jeder Lumpen."

Du seufzt. Da fährt ein Blitz über den Himmel und es donnert. Wenige Augenblicke später fallen die ersten Regentropfen. Dann schüttet es aus allen Löchern. Die Menschen drängen sich an den Straßenrand und schieben Karren, Kinder und Vieh unter die Vordächer der Tempel.

Plötzlich stehen *Gutemir* und du alleine auf der Straße. „Willst du einen heißen Grog?", fragt *Gutemir* und zeigt in Richtung seiner Schmiede.

„Nichts lieber als das", sagst du. „Aber ich muss dein Angebot vorerst zurückweisen, denn ich suche noch immer nach diesem alten Mann."

„*Ygbal* sei mit dir!", sagt *Gutemir* und verabschiedet sich.

Der Regen läuft über deine Stirn, rinnt deinen Nacken hinunter und lässt dich zittern. Es ist dunkel und kalt. Du schaust dich nach deinem Bruder um, aber die Straße ist leer.

weitergehen (28)

Sieh dich um: Look around, traurige **Zeiten**: sad times, **tragen**: to wear, **ein jeder**: everyone, **Lumpen**: rags, **Blitz**: lightning, **seufzen**: to sigh, **donnern**: to thunder, **Regentropfen**: rain drops, **es schüttet aus allen Löchern**: it's pouring down, **sich drängen**: to huddle, **Straßenrand**: roadside, **schieben**: to push, **Vieh**: cattle, **Vordach**: canopy, **Schmiede**: forge, **nichts lieber als das**: nothing would be more preferable than that, **Angebot**: offer, **vorerst**: for now, **zurückweisen**: to reject, **sich verabschieden**: to say goodbye, **rinnen**: to trickle, **zittern**: to shiver

Du gehst ein paar Schritte weiter und blickst unter die Vordächer der Tempel. Keine Spur von Akon. Da siehst du eine Person, die winkend die Straße entlangläuft. Du kneifst die Augen zusammen und siehst deinen Bruder. Er ist patschnass. Das Haar hängt ihm auf der Stirn, Hemd und Hose kleben an seinem Körper. Er ruft etwas, doch im selben Augenblick donnert es.

Du gehst langsam auf ihn zu. Die Menschen unter den Vordächern folgen euren Schritten mit halb neugierigen, halb verächtlichen Blicken.

„Ich habe etwas gefunden", ruft Akon. „Komm!"

Akon folgen (29)

Spur: trace, **winken**: to wave, **entlanglaufen**: to career along, **die Augen zusammenkneifen**: to squint, **patschnass**: soaking wet, **an etw. kleben**: to be stuck to sth., **Schritte**: steps, **halb**: half, **neugierig**: curious, **verächtlich**: scornful, **Blick**: look

Akon betritt eine schmale Gasse zwischen zwei Häusern. Die Häuser stehen so nah beieinander, dass ihre Dächer verbunden sind. Die Gasse ist dunkel, aber wenigstens ist es trocken. Akon zeigt auf ein Eisengitter, das in den Boden eingelassen ist. „Sieh!", sagt er.

„Ich sehe ein Eisengitter", sagst du.

„Unter diesem Gitter befindet sich die Kanalisation *Genowrins*", sagt Akon. „Ich habe der Sonne gefolgt, wie das Buch sagte. Es hat mich hierhin geführt."

„Und was, wenn es nur Zufall war?", fragst du.

„Zufall?", ruft Akon. „Ich glaube nicht an Zufall."

„Aber was hat das mit dem Bettler – ich meine, Priester zu tun?", fragst du.

„Dein Glaube ist schwach", sagt Akon. „Wir müssen der Weisheit des Buches vertrauen." Dann hustet er und sagt: „Oder hast du eine bessere Idee?"

Du schüttelst den Kopf.

Akon kniet auf dem Boden, steckt beide Hände in das Gitter und beginnt zu ziehen, bis seine Finger weiß und sein Kopf rot werden.

„Es klemmt", sagt er. „Gib mir dein Schwert!"

Zögernd gibst du deinem Bruder dein Schwert. „Vorsichtig!", sagst du, als er es zwischen zwei Gitterstäbe schiebt und dann den Griff herunterdrückt.

„Hebelwirkung", sagt Akon. Aber das Gitter bewegt sich nicht. „Die Klinge des Schwerts ist zu biegsam. Wir brauchen etwas Stärkeres."

die Gasse durchsuchen (32)

die Gasse verlassen (34)

schmal: narrow, **Gasse**: alley, **nah beieinander**: close together, **Dach**: roof, **wenigstens**: at least, **trocken**: dry, **Eisengitter**: iron railings, **eingelassen**: embedded, **Kanalisation**: sewer system, **Zufall**: coincidence, **Glaube**: faith, **Weisheit**: wisdom, **vertrauen**: to trust, **knien**: to kneel, **husten**: to cough, **stecken**: to plunge, **klemmen**: to be stuck, **zögernd**: hesitantly, **Schwert**: swords, **Gitterstäbe**: bars, **Griff**: handle, **herunterdrücken**: to push down, **Hebelwirkung**: leverage, **Klinge**: blade, **biegsam**: flexible, **etwas Stärkeres**: something stronger, **etw. durchsuchen**: to scour sth.

Du nimmst dein Schwert vom Boden auf und durchsuchst die Gasse. Alles, was du findest, ist ein alter Holzkübel, ein paar rostige Nägel und ein Stück Seil.

den Holzkübel zerschlagen (33)

die Gasse verlassen (34)

Holzkübel: wooden bucket, **rostig**: rusty, **Nägel**: nails, **ein Stück Seil**: a piece of rope

Du zerschlägst den Holzkübel an einer Wand. Jetzt hast du knapp ein Dutzend längliche Holzstücke.

die Holzstücke mit Nägeln verbinden (35)

die Gasse verlassen (34)

zerschlagen: to smash, **länglich**: longish, **verbinden**: to connect

Du verlässt die Gasse. Der Regen hat nachgelassen, aber du hast keinen blassen Schimmer, wohin du gehen sollst.

zurück in die Gasse gehen (29)

nachlassen: to subside, **keinen blassen Schimmer**: to have not the faintest idea

Du legst zwei Holzstücke übereinander. Dann nimmst du einen alten Ziegelstein und schlägst einen der rostigen Nägel in das Holz. Beim ersten Versuch rutschst du ab. Beim zweiten Versuch klappt es. Du machst weiter, bis du drei Holzstücke fest miteinander verbunden hast.

die Konstruktion mit Seil umwickeln (36)

die Gasse verlassen (34)

übereinander: on top of one another, **Ziegelstein**: brick, **Versuch**: attempt, **abrutschen**: to slip off, **Es klappt**: It works, **fest**: tight

Das Holzstück ist nun beinahe so lang wie dein Arm. Du umwickelst es mit dem Seil, um es zu festigen.

das Gitter öffnen (37)

die Gasse verlassen (34)

beinahe: almost, **so lang wie**: as long as, **festigen**: to tighten

Du steckst die Holzkonstruktion zwischen die Gitterstäbe und beginnst zu drücken. „Es bewegt sich!", ruft Akon. Du drückst weiter, lehnst dich mit deinem gesamten Gewicht auf das Holzstück, bis es mit einem Knall zerbricht und du auf dem harten Boden aufschlägst.

„Es hat sich bewegt. Ich habe es gesehen!", ruft Akon.

Du erhebst dich langsam vom Boden und schüttelst den Kopf. „Es hilft alles nichts."

die Gasse durchsuchen (32)

Hilfe holen (38)

das Gitter mit dem Schwert öffnen (29)

Holzkonstruktion: wooden construction, **sich auf etw. lehnen**: to lean on sth., **Gewicht**: weight, **Knall**: crack, **zerbrechen**: to snap, **auf dem Boden aufschlagen**: to hit the floor, **sich erheben**: to rise

„Warum fragen wir nicht den Schmied?", sagt Akon. „Das fällt dir aber früh ein", sagst du. „Los, lauf zu *Gutemirs* Schmiede!"

Akon verlässt die Gasse. Wenige Minuten später erscheint er mit einem Brecheisen. Er grinst, schiebt das Eisen zwischen die Gitterstäbe und beginnt zu drücken. „Es bewegt sich", sagst du. „Ich brauche mehr Druck", sagt Akon. Mit vier Händen drückt ihr das Brecheisen hinunter. Das schwere Gitter hebt sich langsam aus dem Boden, bis es hoch genug ist, dass ihr es beiseiteschieben könnt.

Du wischst dir ein paar Schweißperlen von der Stirn. „Nach dir, Bruderherz", sagt Akon und zeigt in den dunklen Schacht, wo eine rostige Leiter hinunter ins Dunkel führt.

„Und was, wenn wir den Magier da unten nicht finden?", fragst du.

„Zumindest regnet es nicht unter der Erde", sagt Akon.

„Das ist ein Argument", sagst du.

hinunterklettern (40)

eine Fackel herstellen (41)

Das fällt dir aber früh ein: Now you tell me, **to cross sb.'s mind, Brecheisen**: crowbar, **Druck**: pressure, **beiseiteschieben**: to push aside, **wischen**: to wipe, **Schweißperlen**: beads of sweat, **nach dir**: after you, **Bruderherz**: dear brother, **Schacht**: vertical tunnel, **Leiter**: ladder, **Dunkel**: murkiness, **zumindest**: at least, **Fackel**: torch

Du beginnst den Schacht hinunterzuklettern. Die Sprossen der Leiter sind rutschig. Es ist dunkel. Du kletterst weiter, bis du plötzlich mit dem Hinterkopf an etwas stößt, das Gleichgewicht verlierst und hinunterfällst. Der Aufschlag bricht dir das Genick.

von vorne beginnen (8)

hinunterklettern: to climb down, **Sprossen**: rungs, **rutschig**: slippery, **Hinterkopf**: back of the head, **das Gleichgewicht verlieren**: to lose one's balance, **an etw. stoßen**: to bump into sth., **Aufschlag**: impact, **sich das Genick brechen**: to break one's neck

Du nimmst deine Gegenstände zum Feuermachen aus einem kleinen Beutel. „Hoffentlich ist es nicht nass geworden", sagst du und beginnst eine Fackel aus den Überresten des Holzkübels herzustellen. Du schlägst Feuerstein gegen Funkeneisen, der Funke springt über, und wenige Augenblicke später hältst du eine Fackel in der Hand. Du reichst deinem Bruder die Fackel, nimmst ein weiteres Holzstück vom Boden auf und machst eine zweite Fackel.

in den Schacht hinuntersteigen (43)

Gegenstände: things, **Feuermachen**: fire lighting, **Überreste**: leftover, **herstellen**: to manufacture, **Feuerstein**: flintstone, **Funkeneisen**: fire striker, **Funke**: spark, **jdm. etw. reichen**: to hand sb. sth.

Zweiter Teil: Unter Tage

Karte #1 (**200**)

Die Wände des Schachts sind glitschig. Die Luft ist feucht und schwer. In der Mitte des Schachts ragen ein paar Ziegelsteine aus der Wand. Vorsichtig kletterst du um das Hindernis herum und warnst deinen Bruder. Du kletterst weiter nach unten, bis die Leiter endet und deine Füße in modriges Wasser gleiten.

nach Norden gehen (44)

nach Süden gehen (45)

nach Westen gehen (48)

unter Tage: underground, **glitschig**: slippery, **feucht**: moist, **herausragen**: to protrude, **um etw. herum klettern**: to climb around sth., **Hindernis**: obstacle, **warnen**: to warn, **modrig**: moldy, **gleiten**: to slide

Ihr geht vorsichtig durch das faule Wasser. Das Licht der Fackeln zeichnet verzerrte Schatten auf die Tunnelwände. Nach einer Weile macht der Tunnel eine scharfe Biegung.

nach Westen gehen (47)

nach Süden gehen (43)

vorsichtig: carefully, **faul**: putrid, **zeichnen**: to draw, **verzerrt**: distorted, **Schatten**: shadow, **scharf**: sharp, **Biegung**: turn

Ihr geht eine Weile durch das dunkle Wasser, bis der Tunnel an einer Wand mit einem schweren Eisengitter endet.

das Gitter öffnen (46)

nach Norden gehen (43)

Du zerrst mit beiden Händen an dem Gitter. Es bewegt sich keinen Millimeter.

nach Norden gehen (43)

an etw. zerren: to tear at sth.

Je tiefer ihr in den Tunnel watet, desto schlechter wird die Luft. Du schwenkst deine Fackel über die Tunnelwand. Die Backsteine des Tunnels sind grün vor Schimmel. Du gehst ein paar Schritte weiter. Der Tunnel führt um die Ecke.

nach Süden gehen (55)

nach Osten gehen (44)

je ... desto: the ... the, **waten**: to wade, **schwenken**: to swing, **Backstein**: brick, **Schimmel**: mold, **Ecke**: corner

Du stehst in einem schmalen Gang. Über dir wölbt sich sich der Tunnel. „Vielleicht sollten wir lieber zurückgehen?", sagt Akon. „Dein Glaube ist schwach", sagst du. „Sehr witzig", sagt Akon. Eure Stimmen hallen durch die Kanalisation. Du schwenkst deine Fackel und watest durch das Wasser, als sich vor dir die Wasseroberfläche kräuselt.

„Hast du das gesehen?", fragst du Akon. „Nein. Was?", fragt Akon. Ihr geht ein paar Schritte weiter, als Akon plötzlich aufschreit. Du drehst dich um und siehst, wie etwas an Akons Bein hinaufklettert.

Das Tier hat scharfe Vorderzähne, rote Augen, ein silbernes Fell und einen langen Schwanz. Es sieht aus wie eine Ratte, aber es ist so groß wie eine Katze.

kämpfen (50)

Gang: corridor, **sich wölben**: to arch, **sehr witzig**: very funny, **hallen**: to resound, **Wasseroberfläche**: water surface, **kräuseln**: to ripple, **aufschreien**: to scream out, **hinaufklettern**: to climb up, **Vorderzähne**: front teeth, **silbern**: silver, **Fell**: fur, **Schwanz**: tail, **aussehen wie**: to look like

Welcher Satz ist korrekt?

Du wirst mit deinem Schwert zu schlagen. (53)

Du wirst mit deinem Schwert zuschlagen. (51)

Du wirst mit deinem Schwert zum schlagen. (54)

Mit der einen Hand hältst du dein Schwert, mit der anderen die Fackel. Du schwenkst die Fackel in Richtung des Tiers. Die Riesenratte lässt von Akon ab und springt zurück ins Wasser. Du hebst dein Schwert und schlägst ins Wasser. Aber du hast sie nicht erwischt. „Hinter dir!", ruft Akon. Du drehst dich um und siehst das Tier, wie es auf dich zuschwimmt. Du schlägst abermals zu. Das faule Wasser spritzt in die Luft. Und dann siehst du den Kopf der Ratte, abgetrennt vom Körper. Ein rotes Auge blitzt ein letztes Mal auf, bevor der Rattenkopf langsam zu sinken beginnt.

nach Westen gehen (55)

nach Osten gehen (43)

von jdm. ablassen: to let up on sb., **heben**: to lift, **schlagen**: to hit, **erwischen**: to catch, **auf jdn. zuschwimmen**: to swim towards sb., **zuschlagen**: to strike, **abermals**: again, **spritzen**: to splash, **abgetrennt**: severed

Du schwenkst deine Fackel in Richtung der Riesenratte. Sie dreht blitzschnell ihren Kopf und starrt dich mit einem roten Auge an. Dann gibt sie einen kreischenden Laut von sich und springt dir ins Gesicht. Bevor du etwas tun kannst, bohren sich ihre scharfen Zähne in deinen Hals.

von vorne beginnen (8)

Riesenratte: giant rat, **blitzschnell**: fast as lightning, **starren**: to stare, **einen Laut von sich geben**: to aspirate a sound, **kreischend**: screeching, **sich in etw. bohren**: to pierce into sth.

Du schwenkst deine Fackel in Richtung der Riesenratte. Sie dreht blitzschnell ihren Kopf und starrt dich mit einem roten Auge an. Dann gibt sie einen kreischenden Laut von sich und springt dir ins Gesicht. Bevor du etwas tun kannst, bohren sich ihre scharfen Zähne in deinen Hals.

von vorne beginnen (8)

Riesenratte: giant rat, **blitzschnell**: fast as lightning, **starren**: to stare, **einen Laut von sich geben**: to aspirate a sound, **kreischend**: screeching, **sich in etw. bohren**: to pierce into sth.

Ihr steht an einer Kreuzung. Das Abwasser fließt in alle vier Himmelsrichtungen.

nach Norden gehen (47)

nach Osten gehen (48)

nach Süden gehen (60)

nach Westen gehen (56)

Kreuzung: crossing, **Abwasser**: sewage

Der Tunnel endet an einer flachen Wand. „Hier ist nichts", sagt Akon. „Lass uns zurückgehen." Aber du siehst einen rostigen Eisenring an der Wand.

an dem Ring ziehen (57)

nach Osten gehen (55)

Eisenring: iron ring

Du ziehst an dem Ring und hörst ein dumpfes Geräusch. Irgendetwas bewegt sich hinter der Wand. Dann öffnet sich ein Teil der Wand. Eine kleine Holzkiste kommt zum Vorschein.

die Kiste öffnen (58)

nach Osten gehen (55)

dumpf: muffled, **Geräusch**: sound, **Holzkiste**: wooden box, **zum Vorschein kommen**: to appear

In der Kiste liegt ein Stück braunes Leder. „Was ist das?", fragt Akon. „Ich weiß es nicht", sagst du und nimmst es heraus. „Aber hier steht etwas geschrieben."

lesen (59)

nach Osten gehen (55)

Leder: leather

Du liest: *„Wer im Zeichen des Aschkalons wandelt, suchet nicht, sondern findet. Von der Ruhestätte dieser Worte liegt der Weg offen und klar."*

„Das ist alles?", fragt Akon. „Nein", sagst du. „Hier steht in fetten schwarzen Buchstaben *O.S.W.N.W.*"

nach Osten gehen (55)

Zeichen: sign, **wandeln**: to walk, **Ruhestätte**: resting place, **Buchstaben**: letters

Ihr watet weiter durch das dunkle Wasser, bis ihr an eine Kreuzung kommt.

nach Norden gehen (55)

nach Westen gehen (63)

nach Süden gehen (61)

Der Tunnel endet an einer Wand. Ein rostiges Gitter versperrt euch den Weg.

das Gitter öffnen (62)

nach Norden gehen (60)

Es hat keinen Zweck. Das Gitter ist fest mit der Wand verbunden, und wenige Meter hinter dem Gitter endet der Tunnel.

nach Norden gehen (60)

Das modrige Wasser ist tiefer an dieser Stelle und reicht euch bis an die Hüften. Jeder Schritt ist schwer. Der Gang führt geradeaus. Es ist kein Ende in Sicht. Du hältst für einen Moment an und siehst im Schein deiner Fackel, wie sich wenige Meter vor dir eine dunkle Form unter der Wasseroberfläche bewegt.

Du gibst Akon ein Zeichen, und er bleibt ebenfalls stehen. Die dunkle Form kommt näher und näher, wird größer ...

fliehen (64)

stehen bleiben (65)

tiefer: deeper, **reichen**: to reach, **bis an die Hüften**: up to the hips, **Schritt**: step, **geradeaus**: straight ahead, **kein Ende in Sicht**: no end in sight, **Schein**: glow, **jdm. ein Zeichen geben**: to motion to sb., **ebenfalls**: also, **dunkle Form**: dark shape, **näher**: closer

Du drehst dich um rennst davon, aber du kommst nicht weit. Einen Augenblick später packt dich etwas am Rücken und du spürst, wie hundert Zähne dein Fleisch durchbohren.

von vorne beginnen (8)

weit kommen: to come far, **Fleisch**: flesh, **etw. durchbohren**: to bore through sth.

Die dunkle Form durchbricht die Wasseroberfläche und gibt einen markerschütternden Schrei von sich. Die schuppenartige Haut der Gestalt reflektiert das Licht deiner Fackel. Lange Kiefer öffnen sich und Hunderte von Zähnen kommen zum Vorschein. Ein fauliger Gestank erfüllt den Tunnel.

kämpfen (66)

etw. durchbrechen: to break through sth., markerschütternd: ear-splitting, schuppenartig: imbricated, Haut: skin, Gestalt: creature, reflektieren: to reflect, Kiefer: jaws, Gestank: stench,

Welcher Satz ist *nicht* korrekt?

Wir hielten der Gefahr stand. (70)

Der Gefahr hielten wir stand. (69)

Der Gefahr wir hielten stand. (67)

Das Tier schnappt mit seinem Maul. Du ziehst dein Schwert und springst beiseite. „Akon!", rufst du. Dein Bruder beginnt rückwärts zu gehen. Das Tier kommt auf ihn zu, öffnet sein Maul und setzt zum Sprung an. Da hebst du dein Schwert und rammst es in den Rücken des Tieres. Es schreit und schlägt seinen Körper hin und her wie ein gestrandeter Wal. Du stichst ein zweites Mal zu. Blut vermischt sich mit Wasser. Dann ist es still.

„Bei *Ygbal!*", ruft Akon. „Was war das?"

„Es sah aus wie ein Lindwurm", sagst du.

„Aber ...", beginnt Akon.

„Es ist nur eine Legende?", sagst du. Akon nickt. „Was immer es war, jetzt ist es tot", sagst du.

nach Westen gehen (71)

nach Osten gehen (60)

schnappen: to snatch, **Maul**: mouth [animal], **beiseitespringen**: to jump aside, **rückwärts**: backwards, **zu etw. ansetzen**: to launch into sth., **Sprung**: jump, **rammen**: to ram, **hin und her**: to and fro, **gestrandet**: beached, **zustechen**: to stab, **Blut**: blood, **vermischen**: to mix, **Lindwurm [arch.]**: wyvern, **Legende**: legend, **was immer es war**: whatever it was

ANDRÉ KLEIN

Das Tier schnappt mit seinem Maul. Du springst beiseite, aber dein Bruder bleibt stehen. Das Tier packt ihn an den Beinen und zieht ihn unter Wasser. Du siehst Akons Arme und Beine zappeln. Das Tier schüttelt deinen Bruder ruckartig hin und her. Dann ist es still. Keine Spur von Akon oder dem Tier. Du ziehst dein Schwert und schwenkst die Fackel über die nun stille Wasseroberfläche, als dich etwas am Bein packt und hinunterzieht.

von vorne beginnen (8)

schnappen: to snatch, **Maul**: mouth [animal], **beiseitespringen**: to jump aside, **schütteln**: to shake, **ruckartig**: fitfully, **hin und her**: to and fro, **hinunterziehen**: to pull down

Das Tier schnappt mit seinem Maul. Du springst beiseite, aber dein Bruder bleibt stehen. Das Tier packt ihn an den Beinen und zieht ihn unter Wasser. Du siehst Akons Arme und Beine zappeln. Das Tier schüttelt deinen Bruder ruckartig hin und her. Dann ist es still. Keine Spur von Akon oder dem Tier. Du ziehst dein Schwert und schwenkst die Fackel über die nun stille Wasseroberfläche, als dich etwas am Bein packt und hinunterzieht.

von vorne beginnen (8)

schnappen: to snatch, **Maul**: mouth [animal], **beiseitespringen**: to jump aside, **schütteln**: to shake, **ruckartig**: fitfully, **hin und her**: to and fro, **hinunterziehen**: to pull down

Ihr steht an einer Kreuzung. Der Wasserstand ist sehr niedrig und reicht euch nur bis zu den Knöcheln.

nach Westen gehen (72)

nach Osten gehen (63)

nach Norden gehen (74)

Wasserstand: water level, **niedrig**: low, **bis zu den Knöcheln**: up to the ankles

Der Tunnel endet an einer Wand. Ein rostiger Ring hängt an der Mauer.

am Ring ziehen (72)

nach Osten gehen (70)

Du ziehst mit aller Kraft an dem Ring, aber er bewegt sich nicht.

nach Osten gehen (70)

mit aller Kraft: for all one is worth

Ihr erreicht eine weitere Kreuzung. Das Wasser wird immer weniger. Es ist beinahe trocken.

nach Norden gehen (75)

nach Süden gehen (71)

nach Westen gehen (77)

beinahe: almost, **trocken:** dry

Der Tunnel endet an einer bröckligen Wand.

die Wand untersuchen (76)

nach Süden gehen (74)

bröcklig: crumbly

Ein paar Ziegelsteine fehlen, aber du entdeckst nichts Besonderes.

nach Süden gehen (74)

nichts Besonderes: nothing special

Der Gang führt aufwärts ins Trockene. An den Wänden hängen Bilder mit seltsamen Schriftzeichen. In der Ferne siehst du ein Licht.

in Richtung des Lichts gehen (79)

zurückgehen (78)

aufwärts: upwards, **seltsam**: strange, **Schriftzeichen**: graphic character, **in der Ferne**: in the distance

Du bist froh, dass du es beim ersten Mal überlebt hast. Ein zweites Mal willst du es nicht riskieren.

in Richtung des Lichts gehen (79)

froh: glad, **überleben**: to survive, **riskieren**: to risk

Der Tunnel endet an einer Wand. Zu deiner Rechten ist eine Holztür. Sie steht einen Spalt offen und lässt warmes Licht in den Gang.

Tür öffnen (80)

zu deiner Rechten: to your right, **Spalt**: crack, **Holztür**: wooden door

Du öffnest vorsichtig die Tür. Goldenes Licht flutet deine Augen. Du blinzelst. Als du dich an die Helligkeit gewöhnt hast, bemerkst du, dass ihr euch in einer Art unterirdischer Halle befindest. An der Decke hängen große Kristallleuchter. Der Fußboden ist aus weißem Marmor und reflektiert das Licht wie tausend Spiegel. Rechts und links führen runde Säulen den Blick zu einer Art erhöhtem Altar am anderen Ende der Halle.

zum Altar gehen (83)

die Halle verlassen (82)

fluten: to flood, **blinzeln**: to blink, **Helligkeit**: brightness, **an etw. gewöhnen**: to get accustomed to, **bemerken**: to notice, **eine Art**: a kind of, **unterirdisch**: subterranean, **Kristallleuchter**: crystal chandelier, **blank**: bare, **Marmor**: marble, **Spiegel**: mirror, **rund**: round, **Säulen**: columns, **Blick**: gaze, **erhöht**: elevated, **Altar**: altar, **am anderen Ende**: at the further end

Ihr seid so weit gekommen. Warum jetzt aufgeben?

zurück (80)

aufgeben: to give up

Ihr löscht eure Fackeln und schreitet über den Marmorboden. Als ihr die Mitte des Saals erreicht habt, siehst du, dass auf dem Altar eine Art Thron steht. Ihr geht ein paar Schritte weiter, als eine Stimme über eure Köpfe hallt. Die Stimme kommt aus der Richtung des Altars und sagt: „Sieben Berge hat das Land, sieben Flüsse, doch der Fluss der Zeit ist unbekannt."

Du wechselst einen Blick mit Akon. Ihr steht in der Mitte des Saals. Ihr wollt weitergehen, doch da bewegt sich etwas in dem Sessel. Du hältst inne. Eine Figur, verhüllt in dunkelroter Kutte, erhebt sich aus dem Sessel, schreitet die Stufen hinunter und kommt langsam auf euch zu.

Du siehst das Gesicht eines alten Mannes. Es ist der Bettler aus dem Tempelviertel.

„Wo sind wir?" (85)

löschen: to extinguish, **schreiten**: to stride, **Mitte**: middle, **erreichen**: to reach, **Stimme**: voice, **hallen**: to resound, **Fluss**: river, **unbekannt**: unknown, **einen Blick wechseln**: to exchange glances, **innehalten**: to stop, **verhüllt**: cloaked, **dunkelrot**: dark red, **Kutte**: frock, **sich erheben**: to rise, **Stufen**: steps, **auf jdn. zukommen**: to head sb.'s way

ANDRÉ KLEIN

„Wo sind wir?", rufst du. Der Mann lächelt, geht ein paar Schritte auch euch zu und sagt: „Nicht das Wo ist wichtig, sondern das Wann."

„Ich verstehe nicht", sagst du. „Wart Ihr es, die mich schickten, das Buche *Aschkalons* zu holen?"

Der Mann schwenkt seinen Arm und sagt: „Erscheinungen sind täuschend. Im Reiche *Aschkalons* führt alles Außen nach innen."

Du überreichst dem Priester das Buch. Er nimmt es entgegen und sagt: „Folgt mir!"

Ihr geht zusammen in Richtung des Altars und steigt die Stufen hinauf. Der Priester sagt: „Es steht geschrieben, dass das Buch verloren werden muss, damit es gefunden werden kann. Der erste Teil der Prophezeiung ist erfüllt, doch dies ist erst der Anfang des Weges."

Der Priester gibt dir ein Zeichen und du kniest vor dem Altar. Er öffnet das Buch und spricht: „Gut und Böse erscheinen als Gegensätze in dieser Welt, doch in Wirklichkeit sind sie zwei Gesichter der selben Wahrheit. Nur wer reinen Herzens ist, kann die Gegensätze vereinen. Gier und Hass aber spalten das Weltall und reißen die Welt entzwei."

Der Priester macht eine Pause und fährt fort: „Die Götter der Stadt sind Götter für Tag und Nacht. Sie versprechen das Gute und beschützen vor dem Bösen. Aber wenn die Welt sich in Gut und Böse spaltet, verlieren die Menschen ihren Weg und Verwirrung regiert."

Dann sagt er: „Prinz *Katano* hat entzweit, was zusammengehört. Es ist nun an dir, das Böse zu bezwingen und mit dem Guten zu vermählen. Finde den Königspalast und töte *Katano*!"

Der Priester gibt dir ein Zeichen aufzustehen. Er überreicht dir einen Ring mit einem großen weißen Saphir und sagt: „Dieser Ring bündelt die Kraft *Aschkalons*. Verwende ihn weise! Der Weg ist ungewiss, doch das Ende ist klar."

Dann setzt er sich in seinen Sessel, schließt die Augen und schweigt. Die Kristallleuchter im Saal erlöschen wie von Geisterhand. Es ist stockdunkel.

„Was nun?", flüstert Akon.

zurück in die Kanalisation gehen (88)

nach einem anderen Ausgang suchen (89)

lächeln: to smile, **Ihr** [arch.]: you (formal), **schicken**: to send, **holen**: to fetch, **Erscheinungen**: appearances, **täuschend**: deceiving, **Reich**: realm, **Außen**: (the) outer, **nach innen**: inwards, **jdm. etw. überreichen**: to present sb. with sth., **entgegennehmen**: to receive, **verloren**: lost, **Prophezeiung**: prophecy, **erfüllt**: fulfilled, **knien**: to kneel, **Gut und Böse**: good and evil, **Gegensätze**: opposites, **rein**: pure, **Herz**: heart, **vereinen**: to unify, **Gier**: greed, **Hass**: hate, **spalten**: to split, **Weltall**: universe, **entzweireißen**: to tear in two, **Götter**: gods, **versprechen**: to promise, **beschützen**: to protect, **Verwirrung**: confusion, **regieren**: to rule, **entzweien**: to divide, **zusammengehören**: to belong together, **an jdm. sein, etw. zu tun**: to be for sb. to do sth., **etw. bezwingen**: to conquer, **vermählen**: to marry, **Königspalast**: king's palace, **töten**: to kill, **bündeln**: to concentrate, **verwenden**: to use, **weise**: wisely, **ungewiss**: uncertain, **klar**: clear, **schweigen**: to be silent, **erlöschen**: to be extinguished, **wie von Geisterhand**: as if by an invisible hand, **stockdunkel**: pitch-dark

Du musst den Weg zum königlichen Palast finden. Die Kanalisation ist nicht der richtige Weg.

nach einem anderen Ausgang suchen (89)

Hinter dem Marmortisch und dem Sessel hängen schwere rote Vorhänge. Du schiebst einen Vorhang beiseite und entdeckst eine kleine Tür.

die Tür öffnen (90)

Vorhänge: curtains, **entdecken**: to discover

Die Tür öffnet sich mit einem Knarzen. Ihr geht hindurch. Eine Wendeltreppe führt nach oben. Vorsichtig steigt ihr die Stufen hinauf. Nach einer Weile wird es heller. Es riecht nach frischer Erde. Ein paar Schritte später steht ihr in einem Weizenfeld.

„Wo sind wir?", fragt Akon.

„Siehst du etwas?", fragst du.

„Nicht als Weizen, Weizen, Weizen", sagt Akon.

auf Akons Schultern klettern (93)

durch den Weizen laufen (91)

Knarzen: creaking, **Wendeltreppe**: winding-stairs, **nach etw. riechen**: to smell of sth., **Erde**: earth, **Weizenfeld**: wheat field

Ihr lauft durch den hohen Weizen. Mit jedem Schritt knacken die Halme unter euren Stiefeln. Nach einer Weile hört ihr ein Geräusch. Das Geräusch wird lauter und lauter. Akon biegt ein paar Weizenhalme beiseite und sagt: „Schau!"

Wenige Meter vor euch fließt ein reißender Fluss. Es ist weit und breit keine Brücke in Sicht.

schwimmen (92)

zurück ins Weizenfeld (90)

knacken: to crack, **Halme**: stalks, **Stiefel**: boots, **biegen**: to bend, **reißend**: torrential, **weit und breit**: far and wide, **Brücke**: bridge, **in Sicht**: in sight

Akon steigt vorsichtig in den Fluss und hält sich mit den Händen am Ufer fest. Doch die Strömung ist zu stark. Seine Hände rutschen ab und er schießt den Fluss hinab wie ein Korken. Du springst ins Wasser und rufst, aber der Fluss ist zu laut. Die Strömung drückt dich unter Wasser und du schlägst mit dem Kopf an einen Stein.

von vorne beginnen (8)

steigen: to climb, **an etw. festhalten**: to hold on to sth., **Ufer**: shore, **Strömung**: current, **hinabschießen**: to shoot down, **Korken**: cork, **drücken**: to push

Du gibst Akon ein Zeichen, und er bückt sich. Dann setzt du dich rittlings auf seine Schultern. Akon versucht aufzustehen, doch er zittert vor Anstrengung. Er sinkt zu Boden, keucht und sagt: „Du bist zu schwer. Lass mich auf deine Schultern steigen!"

Du nimmst Akon auf deine Schultern. Er ist leicht. „Siehst du etwas?", rufst du und drehst dich langsam.

„Ja", sagt Akon. „Im Westen sehe ich einen Fluss. Und im Osten ..."

„Was ist es?", rufst du.

„Es ist nicht möglich ...", sagt Akon.

„Was?", sagst du abermals.

„Der ... der königliche Palast!", sagt Akon.

„Bist du dir sicher?", fragst du und lässt Akon von deinen Schultern steigen.

Akon nickt und sagt: „So wahr ich hier stehe!"

Du sagst: „Wie ist das möglich? Der Palast ist mehrere Tagesreisen von *Genowrin* entfernt."

„Vielleicht ist es das Werk von *Aschkalon*", sagt Akon. Der Priester sprach von einer großen Kraft."

„Vielleicht", sagst du. „Glaubst du, es ist der Ring?"

„Ich habe den Palast mit eigenen Augen gesehen. Das ist alles, was ich weiß", sagt Akon.

mit Akon über *Aschkalon* sprechen (95)

in Richtung des Palasts gehen (98)

sich bücken: to stoop, **rittlings**: astride, **zittern**: to shiver, **Anstrengung**: effort, **keuchen**: to gasp, **sich sicher sein**: to be sure, **So wahr ich hier stehe**: as true as I'm standing here, **Tagesreise**: a day's journey [measurement of distance], **Werk**: work

„Sag, Bruder, eins verstehe ich nicht. Du hast mir das Buch gegeben. Ich habe es dem Priester gegeben. Aber wer hat es dir gegeben?", fragst du.

„Ich ... ich ... habe ein Schweigegelöbnis abgelegt", sagt Akon. „Ich darf bis zu meinem Tode niemandem etwas sagen."

„Aber wir haben das Buch und den Priester gefunden", sagst du. „Warum weiter schweigen?"

„Nun gut", sagt Akon und seufzt. „Vor vielen Jahren, kurz nachdem du in den Krieg zogst, traf ich einen Bettler auf der Straße. Er war in Lumpen gehüllt, aber er sprach sehr sonderlich. Er gab mir das Buch und sagte, dass ich es aufbewahren solle. Er sagte, eine Zeit werde kommen, in der das Königreich in dunkle Zeiten falle. Viele Menschen werden sterben, sagte er, aber eines Tages, wenn alles verloren scheine, werde jemand an meine Pforte klopfen und das Buch *Aschkalons* suchen. Niemals hätte ich geahnt, dass du es sein wirst!"

„Nicht ich habe an *deine* Pforte geklopft", sagst du. „Du hast *mir* auf den Schädel geschlagen!"

Akon lacht. Du springst auf ihn zu. Er läuft davon. „Halt!", rufst du und lachst. „Dich werde ich kriegen!" Ihr rennt so eine Weile durch den hohen Weizen, laut lachend, und für einen Augenblick ist alles vergessen, und es ist alles wieder so, wie als ihr kleine Kinder wart.

in Richtung des Palasts gehen (98)

Schweigegelöbnis: vow of silence, **schweigen**: to be silent, **in den Krieg ziehen**: to go to war, **sonderlich**: strangely, **aufbewahren**: to keep, **Pforte** [arch.]: door, **ahnen**: to anticipate, **Schädel**: skull, **Dich werde ich kriegen**: I'll get you, **Augenblick**: moment, **vergessen**: forgotten

Dritter Teil: Der Palast

Nach einer Weile erreicht ihr das Ende des Weizenfelds. Und tatsächlich, vor euch liegt der königliche Palast. Du nickst und murmelst: „Prinz *Katano*, dein letztes Stündlein hat geschlagen."

frontal auf den Palast zugehen (99)

um den Palast herum gehen (105)

Dein letztes Stündlein hat geschlagen: Your hour has come

Ihr überquert eine Straße und geht geradewegs auf den Palast zu. „Die königlichen Gartenanlagen sind verdorrt", sagt Akon und zeigt auf einen vertrockneten Rosengarten. „Die Gärten waren die große Liebe der Königin *Shanima*", sagst du. „Glaubst du, sie ist tot?", fragt Akon.

„Ich weiß es nicht", sagst du und berührst eine verwelkte Rose. „Aber eines Tages werden diese Rosen wieder blühen, bei *Ygbal!*"

Ihr geht weiter auf den Palast zu. Vor dem Eingang steht ein großer runder Springbrunnen. Du schaust hinein und findest anstatt Wasser nur Staub. „Glaubst du, der Palast ist verlassen?", fragst du. Akon antwortet nicht.

Als du dich umdrehst, siehst du drei königlichen

Garden. Zwei halten Akon fest. Der Dritte kommt auf dich zu.

kämpfen (101)

überqueren: to cross, **Gartenanlagen**: garden complexes, **verdorrt**: withered, **vertrocknet**: desiccated, **Rosengarten**: rose garden, **Liebe**: love, **berühren**: to touch, **verwelkt**: wilted, **blühen**: to blossom, **Springbrunnen**: fountain, **Staub**: dust, **verlassen**: deserted, **umdrehen**: to turn around, **Garden**: guards

Vervollständige den Satz: „Der Feind ist in der ..."

Uberzahl (102)

Überzahl (103)

Uberzähl (102)

Du ziehst dein Schwert und näherst dich dem Leibwächter. Bevor du etwas tun kannst, schlägt er dir das Schwert aus der Hand und bindet deine Hände hinter dem Rücken zusammen.

Wenig später landet ihr in einem dunklen Kerker, wo ihr viele Tage ohne Wasser und Nahrung verbringt, bis ihr zu schwach seid zum atmen.

von vorne beginnen (8)

sich jdm. **nähern**: to approach sb., **zusammenbinden**: to tie, **Kerker**: dungeon, **Nahrung**: food, **Tage verbringen**: to spend days, **schwach**: weak, **atmen**: to breathe

Du rennst auf die königlichen Garden zu, die deinen Bruder festhalten, ziehst dein Schwert und sie lassen kurz von deinem Bruder ab. Du rufst: „Lauf!"

Du rennst durch die verlassenen Gärten, zwischen Büschen und Bäumen hindurch, bis du deinen Puls in deinen Augen spürst. Schweiß rinnt von deiner Stirn. Du hältst für einen Moment inne. Du bist allein – keine Spur von den Garden oder deinem Bruder.

Vorsichtig blickst du zwischen zwei Büschen hindurch. Es ist ein Glück, dass niemand sich um die Gärten kümmert, denn die wuchernden Pflanzen bieten gute Deckung.

Du schleichst eine Weile umher, bis du etwas hinter einem Baum entdeckst. Du ziehst dein Schwert. „Halt", flüstert eine Stimme und dein Bruder tritt hinter dem Baum hervor.

Du lässt dein Schwert zu Boden sinken. „Das war haarscharf", sagst du.

„Und jetzt?", fragt Akon.

um den Palast herum gehen (105)

Büsche: bushes, **Puls**: pulse, **Schweiß**: sweat, **Glück**: luck, **sich um etw. kümmern**: to take care of sth., **wuchernd**:

straggly, **bieten**: to offer, **Deckung**: cover, **umherschleichen**: to sneak around, **haarscharf**: by a hair's breath

Ihr geht vorsichtig um den Palast herum. In der Ferne hört ihr die Schritte und Stimmen der königlichen Garde. Ihr versteckt euch hinter einer wild wuchernden Hecke. Die Schritte kommen näher. Die Wächter haben sich aufgeteilt und durchkämmen die Gärten. Einer von ihnen geht an der Hecke entlang. Du hältst den Atem an. Akon hustet leise. Du hältst deine Hand über seinen Mund, aber es ist zu spät. Der Wächter hat angehalten. Er beginnt die Hecke zu durchsuchen. Er kommt immer näher und näher, als aus der Ferne ein Pfeifen ertönt. Der Wächter zögert einen Moment, lässt von der Hecke ab und geht davon.

„Das war knapp", sagt Akon.

nach einem Eingang suchen (106)

Stimmen: voices, **Hecke**: hedge, **sich aufteilen**: to split up, **durchkämmen**: to comb through sth., **entlangehen**: to go along, **den Atem anhalten**: to hold one's breath, **husten**: to cough, **Pfeifen**: whistle, **ertönen**: to resound, **Wächter**: guard, **zögern**: to hesitate, **Das war knapp**: that was close

Ihr geht vorsichtig von Baum zu Baum. Der königliche Garten war einst der Stolz des ganzen Königreichs. Von überall her kamen die Menschen, um das Werk der Königin zu bewundern. Einmal im Jahr öffnete sie den Garten für das gemeine Volk. Kinder spielten auf dem makellos getrimmten Rasen, Liebespaare picknickten unter stolzen Trauerweiden, und überall gingen die Leute in ihrer besten Kleidung auf den prachtvollen Wegen durch den Park – für diesen einen Tag im Jahr gab es keinen Unterschied zwischen König und Bauer, zwischen Regierung und Regierten.

Doch nun sind die Wege des Gartens mit Laub und Unkraut bedeckt, die Blumen sind verdorrt und die Springbrunnen verstaubt.

Du biegst einen Ast beiseite und schaust aus dem Garten auf den Palast. An der Südwand des Palasts wachsen dichte Kletterpflanzen empor. Sie bedecken Fenster und Mauerwerk, und es ist, als ob der Garten den Palast zurückerobern wolle.

die Kletterpflanzen genauer betrachten (108)

von vorne auf den Palast zugehen (99)

einst: once, **Stolz**: pride, **Königreich**: kingdom, **von überall her**: from everywhere, **bewundern**: to marvel at, **gemein**: common, **Volk**: people, **makellos**: immaculate, **getrimmt**: trimmed, **Rasen**: lawn, **Liebespaare**: lovers, **Trauerweiden**: weeping willows, **prachtvoll**: marvelous, **Unterschied**: difference, **Regierung**: government, **Regierten**: governed, **Laub**: leaves, **Unkraut**: weeds, **bedeckt**: covered, **Ast**: branch, **Südwand**: south wall, **dicht**: thick, **Kletterpflanzen**: twiners, **emporwachsen**: to grow upwards, **Mauerwerk**: brickwork, **es ist, als ob**: it's as if, **zurückerobern**: to reclaim

Du gehst vorsichtig auf die Wand zu und fegst mit der Hand ein paar Kletterpflanzen beiseite. Akon folgt dir. Die Mauern sind kalt. „Was ist das?", sagt Akon und zeigt auf etwas Braunes hinter den grünen Blättern. Du schiebst die Pflanzen beiseite. Eine kleine Tür kommt zum Vorschein. Sie ist verschlossen.

die Tür eintreten (109)

das Schloss knacken (110)

fegen: to brush, **ein Schloss knacken**: to pick a lock

Du trittst gegen die Tür. Es gibt einen lauten Knall, aber die Tür bleibt verschlossen. In der Ferne hörst du ein Pfeifen. „Die königliche Garde", sagt Akon. „Schnell!"

das Schloss knacken (110)

gegen etw. treten: to kick at sth.

Welche Verbform von „knacken" ist korrekt?

knäcke (111)

knackert (112)

knackt (113)

Du nimmst einen Dietrich aus der Tasche, schiebst ihn in das Schloss, drehst ihn, doch nichts passiert.

die Tür eintreten (109)

nochmal versuchen (110)

Dietrich: picklock, **in etw. schieben**: to slide into sth., **nichts passiert**: nothing happens

Du nimmst einen Dietrich aus der Tasche, schiebst ihn in das Schloss, drehst ihn, doch nichts passiert.

die Tür eintreten (109)

nochmal versuchen (110)

Dietrich: picklock, **in etw. schieben**: to slide into sth., **nichts passiert**: nothing happens

Du schiebst den Dietrich in das Schlüsselloch, drehst ihn vorsichtig, einmal, zweimal, bis du ein leises Klicken hörst und das Schloss aufspringt.

die Tür öffnen (114)

Klicken: clicking sound, **aufspringen**: to jump open

Karte #2 (201)

Du öffnest die Tür einen Spalt. Es ist alles still. Ihr geht hinein. Der Boden ist mit weißen Kacheln bedeckt. An den Wänden stehen hohe Regale, gefüllt mit allerlei Dosen, Gläsern und Säcken. Von der Decke baumeln Kochtöpfe und Pfannen. Es riecht nach fauligen Kartoffeln.

Zu eurer Linken und Rechten befindet sich jeweils eine Tür.

die Tür nach Norden öffnen (115)

die Tür nach Westen öffnen (120)

Kacheln: tiles, **Regale**: shelves, **allerlei**: all kinds, **Dosen**: cans, **Gläser**: glasses, **Säcke**: sacks, **Decke**: ceiling, **baumeln**: to dangle, **Kochtöpfe**: pots, **Pfannen**: pans, **jeweils**: respectively

„Halt!", ruft eine Stimme. Ein Leibwächter des Königs steht vor euch. Er trägt die traditionelle rot und goldene Tracht. Die Leibwächter waren einst eine edle Krieger-Klasse. Aber seit Prinz *Katano* sich zum König ernannt hat, ist nichts mehr von dem Ruhm zu spüren. Der Leibwächter trägt einen dichten Bart, sein roter Rock ist schmutzig und der goldene Brustpanzer verkratzt.

Er zieht sein Schwert und geht auf dich zu.

kämpfen (116)

Leibwächter: bodyguard, **Tracht**: garb, **edel**: noble, **Kriegerklasse**: warrior class, **sich zu etw. ernennen**: to appoint oneself as sth., **Ruhm**: glory, **Bart**: beard, **Rock**: skirt, **Brustpanzer**: chest protector, **verkratzt**: scratched

Das Wort „Leib" ist ein Synonym für ...

Kopf (119)

Liebe (118)

Körper (117)

Du rennst auf den Wächter zu. Er pariert den ersten Schlag. Die Schwerter klirren. Er springt beiseite, macht eine Drehung und holt zu einem neuen Schlag aus, aber du wehrst ihn ab und triffst ihn am Hals. Er fällt scheppernd zu Boden.

„Wo ist der König?", sagst du.

Der Wächter stöhnt. „Die Königin", sagt er und zeigt nach Westen. „Sie ..." Dann sinkt sein Arm herab.

nach Norden gehen (122)

zurück in die Küche gehen (114)

parieren: to parry, **klirren**: to rattle, **eine Drehung machen**: to make a turn, **ausholen**: to lunge out, **etw. abwehren**: to fend sth. off, **scheppernd**: rattling, **stöhnen**: to moan, **herabsinken**: to sink down

Der Leibwächter schlägt von rechts oben zu. Du parierst den Schlag von links unten. Die Schwerter klirren. Du springst beiseite, holst aus, doch da trifft dich schon der nächste Schlag – mitten in die Brust.

von vorne beginnen (8)

parieren: to parry, **klirren**: to rattle, **ausholen**: to lunge out, **treffen**: to hit, **Brust**: chest

Der Leibwächter schlägt von rechts oben zu. Du parierst den Schlag von links unten. Die Schwerter klirren. Du springst beiseite, holst aus, doch da trifft dich schon der nächste Schlag – mitten in die Brust.

von vorne beginnen (8)

parieren: to parry, **klirren**: to rattle, **ausholen**: to lunge out, **treffen**: to hit, **Brust**: chest

Ihr steht in einem weiten Flur. An den Wänden hängen die Bilder einstiger Könige und Königinnen, vom Anfang der Dynastie bis heute. Doch das Porträt von König *Gadol* ist verschwunden. An seiner Stelle hängt nun das Grinsen *Katanos*. Der selbsternannte König sitzt auf dem Thron, aber der Thron scheint ihn zu verschlucken, und die Krone rutscht ihm auf die Stirn. Seine Augen sind voller Abscheu, die Nase ist krumm, und das Grinsen zeigt gelbe Zähne.

„Entweder der Maler versteht nichts von seiner Kunst, oder *Katano* ist wirklich so hässlich", sagt Akon.

Ihr geht weiter. Der Fußboden ist mit rotem Teppich ausgelegt. Der Flur hat keine Fenster. Das einzige Licht kommt von ein paar Kerzenständern. Am Ende des Flurs befindet sich eine zweite Tür.

die Tür nach Westen öffnen (131)

die Tür nach Osten öffnen (114)

weit: wide, **Flur**: hall, **verschwunden**: disappeared, **Grinsen**: grin, **selbsternannt**: self-appointed, **verschlucken**: to swallow, **Krone**: crown, **rutschen**: to slide, **Abscheu**: loathing, **krumm**: crooked, **Grinsen**: grin, **Maler**: painter, **Kunst**: art, **hässlich**: ugly, **mit Teppich ausgelegt**: carpeted, **Kerzenständer**: candle stand, **sich befinden**: to be located

Der Fußboden ist aus weißem Marmor. Von der Decke hängt ein Kronleuchter. In einer Ecke steht eine alte Rüstung.

nach Süden gehen (115)

nach Westen gehen (123)

Kronleuchter: chandelier, **Rüstung**: armor

Ihr befindet euch im Eingangsbereich des Palastes. Der Haupteingang liegt im Norden, flankiert von großen Fenstern, die so schmutzig sind, dass sie nur wenig Licht hinein lassen. In der Mitte des Foyers steht ein Springbrunnen aus Marmor. Der Brunnen ist mit einer feinen Staubschicht bedeckt. Anstelle von Wasser ist er mit rostigen Dolchen, zerbrochenen Schwertern und allerlei anderem Unrat gefüllt.

den Palast nach Norden verlassen (124)

nach Westen gehen (125)

nach Osten gehen (122)

die Treppen hinaufsteigen (136)

Haupteingang: main entry, **flankiert**: flanked, **Staubschicht**: layer of dust, **anstelle von**: in place of, **Dolch**: dagger, **zerbrochen**: broken, **Unrat**: dross

Warum willst du jetzt fliehen? Irgendwo in diesem Palast versteckt sich Prinz *Katano*. Nur indem du ihn tötest, kannst du den Frieden im Königreich wiederherstellen.

zurück zum Foyer (123)

irgendwo: somewhere, **sich verstecken**: to hide, **Frieden**: peace, **wiederherstellen**: to restore

Der Fußboden ist hier aus schwarzem Marmor. Von der Decke hängt ein Kronleuchter. An den Wänden hängen rostige Schwerter und ein staubiger Morgenstern. Im Süden befindet sich eine Tür.

die Tür nach Süden öffnen (126)

nach Osten gehen (123)

Morgenstern: morning star [weapon]

Ihr befindet euch in einem mittelgroßen Raum. An den Wänden führen hohe Bücherregale bis an die Decke. Roter Teppich bedeckt den Boden. In der Mitte des Raums stehen zwei Lehnsessel und ein kleiner Tisch.

Auf dem Tisch liegt ein Buch.

das Buch ansehen (128)

die Bibliothek nach Norden verlassen (125)

die Bibliothek nach Süden verlassen (131)

Bücherregal: bookshelf, **Teppich**: carpet, **Lehnsessel**: armchair

Das Buch trägt den Titel „*Tausendundeine Kreatur der Schattenwelt*". Du schlägst es auf. Es ist eine Art Katalog verschiedener Lebewesen, mit Radierungen illustriert.

Du blätterst durch das Buch. Die Kreaturen sind halb Tier, halb ... Albtraum. Du siehst ein Geschöpf, das aussieht wie ein Pferd, aber aus dem Maul hängen Reißzähne so groß wie Säbel. Darunter steht: „*Equus Smilodon, bis zu drei Meter lang und vier Meter hoch. Sein Biss ist tödlich; ernährt sich von Kadavern, Fortpflanzung unbekannt.*"

„Ich dachte, die Schattenwelt ist bloß ein Märchen", sagst du.

Akon nickt und sagt: „Als wir Kinder waren, hat man uns oft von der Schattenwelt erzählt. Aber es kann doch nicht ... was ist?"

„Als ich den Priester einst auf der Straße traf, sagte er, Prinz *Katano* hätte das Tor zur Schattenwelt geöffnet", sagst du. „Ich dachte, er sprach symbolisch. Aber wenn es stimmt, dann ..." Du nimmst das Buch zur Hand, blätterst zurück und liest in der Einführung: „*Für das gemeine Volk ist die Schattenwelt nichts als ein Bereich des Aberglaubens, doch die dunklen*

Magier und Mächtigen wussten schon immer von den geheimen Kräften, und machten sie sich zunutze."

Du blätterst weiter und sagst: „Hier steht, dass es eine Möglichkeit gibt, die Kreaturen der Schattenwelt zu bannen und in unsere Welt zu überführen."

Akon sagt: „Glaubst du, Prinz *Katano* plant eine Armee des Bösen zu rekrutieren?"

„Ich weiß nur, dass wir ihn stoppen müssen, bevor es zu spät ist", sagst du.

die Bibliothek nach Norden verlassen (125)

die Bibliothek nach Süden verlassen (131)

tausendundeine: one thousand and one, **Schattenwelt**: shadow world, **Lebewesen**: being, **Radierungen**: etchings, **illustriert**: illustrated, **blättern**: to browse [book], **Albtraum**: nightmare, **Geschöpf**: creature, **Reißzähne**: fangs, **Säbel**: saber, **tödlich**: lethal, **sich ernähren**: to subsist, **Kadaver**: carcass, **Fortpflanzung**: reproduction, **Märchen**: fairytale, **wenn es stimmt**: if it's true, **Einführung**: introduction, **Bereich**: realm, **nichts als**: nothing but, **Aberglauben**: superstition, **die Mächtigen**: the powerful, **geheim**: secret, **Kräften**: forces, **sich etw. zunutze machen**: to take advantage of sth., **Hier steht, dass ...**: It says here that ..., **Möglichkeit**: possibility, **bannen**: to spellbind, **überführen**: to transfer, **Armee des Bösen**: army of evil, **rekrutieren**: to recruit

Du öffnest die Tür und siehst einen Wächter. Schnell willst du die Tür wieder schließen, aber es ist zu spät. Er hat dich gesehen.

kämpfen (132)

schließen: to close

Welcher Satz ist korrekt?

Wir wurden gesehen. (133)

Wir würden gesehen. (134)

Wir worden gesehen. (135)

Du ziehst dein Schwert und gehst einen Schritt auf den Wächter zu. Er pariert den ersten Schlag, beim zweiten verliert er für einen Augenblick das Gleichgewicht und du bohrst dein Schwert in seine Brust. Er fällt zu Boden wie ein Sack Mehl.

die Tür nach Norden öffnen (126)

die Tür nach Osten öffnen (120)

die Tür nach Westen öffnen (139)

Mehl: flour

Der Wächter macht einen Schritt auf dich zu und zieht sein Schwert. Du parierst den ersten Schlag, den zweiten, dritten – immer schneller fliegen eure Schwerter durch die Luft, bis du plötzlich etwas Warmes an deiner Brust spürst. Es ist Blut. Du sinkst zu Boden.

von vorne beginnen (8)

parieren: to parry

Der Wächter macht einen Schritt auf dich zu und zieht sein Schwert. Du parierst den ersten Schlag, den zweiten, dritten – immer schneller fliegen eure Schwerter durch die Luft, bis du plötzlich etwas Warmes an deiner Brust spürst. Es ist Blut. Du sinkst zu Boden.

von vorne beginnen (8)

parieren: to parry

🕯 **Karte #4 (203)**

Ihr schreitet die breiten Marmorstufen hinauf. Die Treppe macht eine Biegung und ihr kommt im ersten Stockwerk heraus. „Irgendwo hier muss der Thronsaal sein", flüstert Akon.

Ihr steht in einem Flur. An den Wänden hängen Jagdtrophäen: Hirschgeweihe, Büffelhörner und ein paar Köpfe seltsamer Kreaturen.

die Trophäen betrachten (137)

nach Norden gehen (140)

nach Süden gehen (148)

zurück ins Foyer gehen (123)

Marmorstufen: marble steps, **Thronsaal**: throne room, **Jagdtrophäe**: hunting trophy, **Hirschgeweih**: deer antlers, **Büffelhörner**: buffalo horns

Eine Trophäe sieht aus wie ein Pferdekopf, aber das Tier hat zusätzlich zu den zwei Augen an der Seite zwei Augen auf der Stirn und scharfe Reißzähne, die aus dem Maul hängen.

„Bei *Ygbal!*", sagt Akon. „Was ist das?"

„Was immer es ist, ich bin froh, dass es tot ist", sagst du.

Ein anderes Tier sieht aus wie eine Spinne, aber der Kopf ist so groß wie der einer Kuh. Hunderte kleiner Augen reflektieren den Kerzenschein. Vor dem Maul trägt die Kreatur zwei zangenartige Arme mit gezackten Kanten.

„Ich glaube, ich habe genug gesehen", sagst du.

nach Norden gehen (140)

nach Süden gehen (148)

zurück ins Foyer gehen (123)

Pferdekopf: horse's head, **zusätzlich**: additionally, **Reißzähne**: fangs, **Spinne**: spider, **Kuh**: cow, **zangenartig**: forceps-like, **gezackt**: serrated, **Kanten**: edges

🕯️ Karte #3 (**202**)

Hinter der Tür führt eine schmale Wendeltreppe nach unten. Es ist dunkel. Modrige Luft kommt euch entgegen, als ihr die Stufen hinabsteigt.

Ihr steht in einer Art Tunnel. Die Wände, der Boden, die Decke – alles ist aus schwarzem Stein. In unregelmäßigen Abständen hängen Fackeln an der Wand und erhellen das Dunkel. Aus der Ferne kommt ein Geräusch von rasselnden Ketten.

„Das muss der Kerker sein", sagt Akon.

nach Osten gehen (152)

den Kerker verlassen (131)

entgegenkommen: to come towards, **unregelmäßig**: irregular, **Abstand**: interval, **erhellen**: to illuminate, **Ketten**: chains, **Kerker**: dungeon

Der Flur macht hier eine Biegung. In der Ecke steht eine Vase mit verdorrten Rosen auf einem kleinen Tisch.

nach Süden gehen (136)

nach Westen gehen (141)

zurück (140)

Ein Wächter versperrt euch den Weg. „Keine Bewegung!", sagt er und zieht sein Schwert.

kämpfen (142)

jdm. den Weg versperren: to block sb.'s way, **Keine Bewegung**: Don't move

Was ist ein Synonym zu „versperren"?

verspachteln (145)

blockieren (143)

verstauen (146)

Der Wächter zieht sein Schwert und rennt auf euch zu. Auf halbem Wege stolpert er über eine unebene Stelle im Fußboden und fällt geradewegs in dein Schwert hinein.

„Wo ist *Katano*?", fragst du den Wächter. Er gurgelt etwas. Akon packt ihn am Kragen und fragt abermals: „Wo ist Prinz *Katano*, der sich König nennt?"

Der Wächter hebt einen Arm und zeigt nach Westen, dann sinkt er hinab auf den Fußboden.

Akon schaut auf die westliche Wand des Zimmers, wo ein großes Gemälde einer Berglandschaft hängt. „Das ist eine Sackgasse", sagt er. Wir müssen einen anderen Weg suchen.

zurück nach Osten gehen (140)

das Gemälde abhängen (147)

auf halbem Wege: halfway through, **stolpern**: to stumble, **uneben**: uneven, **Stelle**: spot, **geradewegs**: straightaway, **hineinfallen**: to fall in, **gurgeln**: to gurgle, **sich nennen**: to call oneself, **Berglandschaft**: mountain landscape, **Sackgasse**: cul-de-sac

Du rennst auf den Wächter zu, ziehst dein Schwert und stolperst über eine unebene Stelle im Fußboden. Du spürst etwas Metallenes an deinem Hals, und dann wird alles schwarz.

von vorne beginnen (8)

stolpern: to stumble, **uneben**: uneven, **Stelle**: point, **etwas Metallenes**: something metallic

Du rennst auf den Wächter zu, ziehst dein Schwert und stolperst über eine unebene Stelle im Fußboden. Du spürst etwas Metallenes an deinem Hals, und dann wird alles schwarz.

von vorne beginnen (8)

stolpern: to stumble, **uneben**: uneven, **Stelle**: point, **etwas Metallenes**: something metallic

Du nimmst das Gemälde herab, doch dahinter befindet sich nichts als nackte Wand. „Was hast du erwartet?", fragt Akon.

zurück nach Osten gehen (140)

nackt: naked

Der Flur macht hier eine Biegung. In der Ecke steht ein kleiner Tisch mit ein paar leeren Flaschen Wein, Grog und Met.

Der Teppichboden ist fleckig und riecht nach Alkohol. „Sieht aus, als hat hier jemand gefeiert", sagt Akon. „Oder versucht, sich tot zu trinken", sagst du.

nach Westen gehen (149)

nach Norden gehen (136)

Wein: wine, **Met**: mead, **fleckig**: stained, **sieht aus, als ob**: looks like ..., **jemand**: someone, **feiern**: to party, **sich tot trinken**: to drink oneself to death

Der Flur führt weiter, bis er an einer großen Doppeltür endet. „Das muss der Thronsaal sein", sagt Akon. Vorsichtig näherst du dich und legst dein Ohr an die Tür. „Ich höre Stimmen", flüsterst du. „Was sagen sie?", fragt Akon.

„Es ist zu dumpf", sagst du. „Aber es sind zwei oder drei Männer."

die Tür öffnen (150)

nach Osten gehen (148)

Doppeltür: double door, **flüstern**: to whisper, **dumpf**: muffled

Du ziehst dein Schwert und holst tief Luft. „Bereit?", sagst du zu Akon und legst deine Hand auf den Türgriff. Akon nickt und du drückst den Griff herunter. Nichts passiert. Die Tür ist verschlossen.

die Tür eintreten (151)

nach Osten gehen (148)

bereit: ready, **Türgriff**: doorknob, **eintreten**: to kick in

Es ist zu riskant. Wenn ihr zu viel Lärm macht, verliert ihr den Überraschungseffekt. Außerdem weißt du nicht, wie viele Männer hinter den Türen auf euch warten. Du hast zwei oder drei Stimmen gehört, aber es könnte ein Dutzend Wächter sein.

nach Osten gehen (148)

riskant: risky, **Lärm**: noise, **Überraschungseffekt**: surprise effect, **außerdem**: besides

Der Tunnel macht hier eine Biegung.

nach Norden gehen (153)

den Kerker verlassen (131)

Ein Wächter steht in der Mitte des Gangs. Er hält einen Metallstab in seiner Hand. An seinem Gürtel hängt ein Schlüsselbund. Seine Stimme hallt durch den schmalen Gang, als er ruft: „Stehen bleiben!"

kämpfen (154)

zurück (152)

Metallstab: metal staff, **Gürtel**: belt, **Schlüsselbund**: key ring

Was ist der korrekte Plural von Tunnel?

Tunnels (157)

Tunnel (155)

Tünnel (156)

Du ziehst dein Schwert und schlägst zu. Der Wächter pariert. Metall schlägt auf Metall. Blaue Funken sprühen durch den Kerker. Da rennt Akon plötzlich nach vorne. Die Augen des Wächters lassen von dir ab. Er macht eine halbe Drehung. In diesem Augenblick setzt du zu einem neuen Schlag an und triffst den Wächter ins Rückgrat. Er ist sofort tot.

nach Süden gehen (152)

nach Westen gehen (158)

parieren: to parry, **Funke:** spark, **sprühen**: to spray, **Drehung**: turn, **Rückgrat**: backbone

Der Wächter schlägt mit seinem Metallstab dein Schwert aus der Hand. Es fällt klirrend zu Boden. Akon will es aufnehmen, aber der Wächter schlägt ihn nieder. „Akon!", rufst du. Dann rennst du auf den Wächter zu. Er trifft dich in den Magen.

von vorne beginnen (8)

klirrend: clanging, **aufnehmen**: to pick up, **jd. niederschlagen**: to knock sb. down

Der Wächter schlägt mit seinem Metallstab dein Schwert aus der Hand. Es fällt klirrend zu Boden. Akon will es aufnehmen, aber der Wächter schlägt ihn nieder. „Akon!", rufst du. Dann rennst du auf den Wächter zu. Er trifft dich in den Magen.

von vorne beginnen (8)

klirrend: clanging, **aufnehmen**: to pick up, **jd. niederschlagen**: to knock sb. down

Der Tunnel ist breiter hier. In der Ecke steht eine Kiste mit alten Fesseln und rostigen Ketten. Zu eurer Linken befinden sich vier kleine Zellen mit schweren Eisentüren und schmalen Sehschlitzen.

in die erste Zelle schauen (160)

in die zweite Zelle schauen (162)

in die dritte Zelle schauen (163)

in die vierte Zelle schauen (161)

Kiste: chest, **Fesseln**: shackles, **Zelle**: cell, **Sehschlitz**: observation slit

Die Zelle ist leer.

zurück (158)

Die Zelle ist leer.

zurück (158)

Ein Skelett liegt auf dem Boden. Die Fußfessel hängt noch immer am Knöchel.

zurück (158)

Fußfessel: ankle shackle, **Knöchel**: ankle

In der Ecke der fensterlosen Zelle kauert eine kleine Gestalt. „Ist er tot?", fragt Akon.

Just in diesem Moment bewegt sich die Gestalt. Sie hebt den Kopf. Es ist eine Frau. Sie ist in Lumpen gehüllt, ihr Gesicht ist mit Schwellungen überzogen, aber die hohen Augenbrauen und die feinen, schmalen Lippen verraten hohen Stand.

„Bei *Ygbal*!", ruft Akon. „Es ist Königin *Shanima*!"

Die Gestalt gibt einen kläglichen Laut von sich und hebt einen Arm. Dann fällt sie in sich zusammen.

die Zelle öffnen (164)

fensterlos: windowless, **kauern**: to huddle, **Schwellungen**: swellings, **überzogen**: covered, **Augenbrauen**: eyebrows, **feinen**: fine, **Lippen**: lips, **verraten**: to reveal, **Stand**: class, **kläglich**: pitiful, **in sich zusammenfallen**: to slump down

Die Zelle ist verschlossen. Die Tür ist aus schwerem Eisen. Akon ruft: „Verehrte Königin, Rettung naht!" und rennt davon. Einen Augenblick später kommt er wieder. Der Schlüsselbund des Wächters klirrt in seiner Hand.

Mit zitternden Händen probiert Akon einen Schlüssel nach dem anderen. „Haltet durch, Eure Majestät", sagst du durch den Schlitz in der Tür. Akon probiert weiter, bis er alle Schlüssel ausprobiert hat, außer den letzten beiden. Er steckt den ersten Schlüssel in das Schloss und dreht ihn. Nichts passiert. Er steckt den zweiten Schlüssel in das Schloss und dreht ihn. Das Schloss springt auf. Ihr betretet die Zelle.

Von Nahem betrachtet sieht die Königin noch schlechter aus. Ihre Arme sind abgemagert, unter der bleichen Haut kommen dürre Knochen zum Vorschein.

Akon berührt ihr Handgelenk. Nach ein paar Atemzügen sagt er: „Ihr Herz ist schwach."

etwas zu essen und trinken besorgen (166)

die Königin aus dem Kerker entfernen (167)

verehrt: revered, **Rettung**: rescue, **nahen**: to approach, **zitternd**: shivering, **probieren**: to try, **durchhalten**: to hang on, **von Nahem betrachtet**: from close up, **abgemagert**: emaciated, **bleich**: pale, **dürr**: scrawny, **Knochen**: bones, **Handgelenk**: wrist, **Atemzug**: breath of air, **schwach**: weak, **besorgen**: to obtain, **entfernen**: to remove

Die Königin braucht dringend Wasser und Nahrung, daran ist kein Zweifel. Aber du kannst sie nicht in dem Kerker zurücklassen.

Die Königin aus dem Kerker entfernen (167)

brauchen: need, **dringend**: urgently, **Zweifel**: doubt, **zurücklassen**: to leave behind

Vorsichtig nimmst du die Königin vom Boden auf. Sie ist leicht wie ein Bündel Stroh. Akon geht voran und ihr verlasst den Kerker. In der Bibliothek setzt du die Königin in einen Lehnsessel und bringst Wasser und ein Stück Brot aus der Küche. Akon steht Wache an der Tür.

Nachdem die Königin den gröbsten Durst gestillt

hat, flüstert sie: „*Katano* ..."

„Ihr solltet ruhen, Eure Majestät", sagst du.

„*Katano* ...", beginnt sie abermals. „*Katano* ... vom Bösen verführt ... er ... Schatten ... mein Sohn ... Kreatur ... Verdammnis ... Tod.*"

Sie zeigt mit einem dürren Finger auf die Wand vor sich, anschließend auf ein Buch, das auf dem Tisch liegt. Sie berührt das Buch, und es fällt von der Tischkante auf den Boden. Dann fallen ihre Augen zu und sie schläft.

Du hebst das Buch vom Boden auf und willst es zurück auf den Tisch legen, als du ein Geräusch hörst. Du schüttelst das Buch und hörst ein Rasseln. Durch den Fall ist eine Ecke des Ledereinbands abgebrochen. Vorsichtig ziehst du das Leder beiseite. Darunter kommt eine kleine Vertiefung zum Vorschein, etwas Metallenes befindet sich in der Vertiefung, es ist ein Schlüssel.

„Akon!", rufst du. Er läuft durch den Raum. „Was ist?", sagt er. „Der Schlüssel war in der Vertiefung fixiert, aber durch den Fall hat er sich gelöst", sagst du.

„Und nun?", fragt Akon.

„Ich weiß es nicht", sagst du. „Die Königin hat auf

die Wand gezeigt, dann auf das Buch."

die Westwand untersuchen (170)

Bündel: bundle, **Stroh**: straw, **vorangehen**: to go ahead, **Lehnsessel**: armchair, **grob**: coarse, **Durst**: thirst, **stillen**: to quench, **ruhen**: to rest, **abermals**: again, **verführt**: seduced, **Schatten**: shadows, **Sohn**: son, **Verdammnis**: damnation, **anschließend**: afterwards, **Tischkante**: edge of the table, **schütteln**: to shake, **Rasseln**: rattling, **Ledereinband**: leather binding, **abgebrochen**: broken off, **Vertiefung**: recess, **fixiert**: fixed, **sich lösen**: to become unfastened

Ihr geht hinüber zur Wand. „Wonach suchen wir?", fragt Akon und tastet die Wand ab. „Eine verborgene Tür, ein Schlüsselloch, irgendetwas", sagst du und berührst die Wand mit den Fingerspitzen.

Nach einer Weile sagt Akon: „Es ist zwecklos."

„Such weiter!", sagst du. Aber Akon hat bereits aufgehört zu suchen. Er dreht sich und lehnt sich mit dem Rücken an die Wand, als er plötzlich fällt.

Ein viereckiges Loch klafft in der Wand. „Du hast es gefunden", rufst du. „Akon?"

Aus der Wand kommt ein Stöhnen. „Mein Kopf …", sagt Akon. Hinter dem geheimen Eingang befindet sich eine marmorne Wendeltreppe. Akon liegt mit dem Kopf auf der ersten Treppenstufe. Du hebst ihn vom Boden auf und sagst: „Gute Arbeit!"

„Wie du meinst", sagt Akon und reibt seinen Kopf.

die Treppenstufen emporsteigen (172)

verborgen: concealed, **Schlüsselloch**: key hole, **Fingerspitzen**: finger tips, **bereits**: already, **aufhören etw. zu tun**: to cease doing sth., **sich an etw. lehnen**: to lean against sth., **viereckig**: square-shaped, **Loch**: hole, **klaffen**: to gape, **Stöhnen**: groan, **Treppenstufe**: step, **gute Arbeit**: nice work, **wie**

du meinst: whatever you say, **etw. emporsteigen**: to climb sth.

Du gehst die Wendeltreppe hinauf und kommst an eine Tür. Hinter der Tür hörst du Stimmen. „Was geschieht, Eure Majestät?" Eine andere Stimme sagt: „Es öffnet sich!" Die Wände zittern und es klingt, als ob ein Sturm durch eine Höhle heult. Dann gibt es einen Knall, das Heulen wird lauter, die Tür vor dir rasselt in den Angeln. Über all dem Lärm hörst du eine Stimme rufen: *„Aschkalon, erfülle mich mit Macht und Ruhm!"*

„Das klingt wie Prinz *Katano*. Die Tür muss zum Thronsaal führen", sagt Akon hinter dir. Du nickst, blickst dich um und sagst: „Wappne dich!" Dann nimmst du den Schlüssel zur Hand.

die Tür öffnen (173)

geschehen: to happen, **klingen**: to sound, **Höhle**: cave, **heulen**: to howl, **Angeln**: hinges, **Macht**: power, **sich wappnen**: to brace oneself

Du steckst den Schlüssel in das Schlüsselloch und drehst ihn gegen den Uhrzeigersinn. Dann drückst du die Türklinke herunter und öffnest die Tür einen Spalt breit.

Die Wände schimmern in tiefblauem Licht. Blitze zucken durch den Thronsaal und in der Mitte des Raums hängt eine dunkle Wolke in der Luft. Ein tiefes, konstantes Brummen lässt den Boden erzittern.

„Bei *Ygbal!*", flüstert Akon.

Neben der Wolke stehen drei Männer. Es ist zu dunkel, um ihre Gesichter zu sehen. Als deine Augen sich langsam an das Flackern gewöhnt haben, erkennst du hinter der Wolke die Umrisse des königlichen Throns. Die Wolke verzerrt die Sicht, das Bild verschwimmt, wie wenn man durch schlieriges Wasser blickt, aber du siehst klar und deutlich die königliche Krone und darunter das grinsende Gesicht *Katanos*.

den Thronsaal stürmen (175)

leise den Thronsaal betreten (176)

gegen den Uhrzeigersinn: counterclockwise, **Türklinke**: door handle, **schimmern**: to gleam, **tiefblau**: deep blue, **Blitz**: lightning, **zucken**: to twitch, **Brummen**: hum, **erzittern**: to tremble, **Flackern**: flickering, **Umrisse**: outline, **verschwimmen**: to blur, **schlierig**: streaky, **klar und deutlich**: in no uncertain manner, **stürmen**: to storm

Du gibst der Tür einen Tritt und sie kracht gegen die Wand. Die Männer neben der Wolke drehen sich um. Du hast ihre volle Aufmerksamkeit. Sie ziehen ihre Schwerter und kommen langsam auf dich zu. Das Gesicht *Katanos* hinter der Wolke bewegt sich nicht. Er sitzt wie eine Statue auf seinem Thron.

kämpfen (177)

krachen: to bang, **volle Aufmerksamkeit**: full attention

Du öffnest die Tür vorsichtig, betrittst den Thronsaal und schleichst an der Wand entlang. Akon folgt dir. Du erkennst, dass die Männer von der königlichen Garde sind. Sie haben euch den Rücken zugewandt. Prinz *Katano* starrt mit leeren Augen in den Raum. Vor ihm dreht sich die Wolke. Als ihr die Mitte des Thronsaals erreicht, ertönt eine tiefe Stimme, die Stimme *Katanos*: „Siehe da, wir haben Gäste. Leider ist dies ein denkbar ungünstiger Zeitpunkt für einen Kaffeeklatsch ... Wache! Ergreift sie!"

Die Männer der königlichen Garde ziehen ihre Schwerter und kommen langsam auf euch zu, einer nach dem anderen.

kämpfen (177)

schleichen: to sneak, **jdm. den Rücken zuwenden**: to turn one's back on sb., **ertönen**: to resound, **siehe da**: lo and behold, **leider**: unfortunately, **denkbar**: conceivably, **ungünstig**: inconvenient, **Zeitpunkt**: moment, **Kaffeeklatsch**: kaffeeklatsch, **jdn. ergreifen**: to seize sb., **einer nach dem anderen**: one after the other

Was ist *kein* Synonym zu „Kampf"?

Gefecht (178)

Schlacht (179)

Krampf (180)

Der erste Leibwächter schlägt mit seinem Schwert von der Seite. Du wehrst es ab. Der zweite Schlag kommt von unten. Du wehrst ihn ab. Dann macht er eine Pirouette und die Klinge des Schwertes schießt von oben diagonal auf dich zu. Du willst den Schlag abwehren, aber es ist zu spät. Du bist tot.

von vorne beginnen (8)

etw. abwehren: to fend sth. off, **schießen**: to shoot

Der erste Leibwächter schlägt mit seinem Schwert von der Seite. Du wehrst es ab. Der zweite Schlag kommt von unten. Du wehrst ihn ab. Dann macht er eine Pirouette und die Klinge des Schwertes schießt von oben diagonal auf dich zu. Du willst den Schlag abwehren, aber es ist zu spät. Du bist tot.

von vorne beginnen (8)

etw. abwehren: to fend sth. off, **schießen**: to shoot

Der erste Leibwächter schlägt mit seinem Schwert von der Seite. Du wehrst es ab. Der zweite Schlag kommt von oben. Du gehst in die Hocke und konterst. Das Schwert des Leibwächters fällt ihm aus der Hand und landet scheppernd auf dem Boden. Er rennt mit bloßen Händen auf dich zu und du stichst ihm in den Kehlkopf. Er fällt zu Boden.

Ein tiefes Lachen hallt durch den Raum. Es kommt aus Richtung der Wolke und erfüllt den Thronsaal. *Katano* donnert: „Ich sehe, Ungeziefer hat sich in unseren Palast verirrt. Wisst ihr, was man mit Ungeziefer macht?" Prinz *Katano* erhebt seine Hand hinter der Wolke, macht eine Faust, schlägt in seine Hand, und ruft: „Wache, ergreift sie!"

Die Wolke dreht sich nun schneller und scheint zu wachsen. Sie verändert ihre Farbe in ein tiefes Violett. Akon zeigt auf deine Hand. Du schaust auf den Ring des Priesters. Der Stein pulsiert violett.

„Was bedeutet das?", fragt Akon.

Bevor du antworten kannst, macht der zweite Leibwächter einen Schritt auf dich zu und zieht zwei Dolche.

kämpfen (182)

in die Hocke gehen: to crouch down, **kontern**: to counter, **mit bloßen Händen**: with bare hands, **stechen**: to stab, **Kehlkopf**: voicebox, **Lachen**: laughter, **donnern**: to thunder, **Ungeziefer**: vermin, **verirren**: to go astray, **Faust**: fist, **wachsen**: to grow, **verändern**: to change, **pulsieren**: to pulsate, **bedeuten**: to mean, **Dolch**: dagger

ANDRÉ KLEIN

Ein Ungeziefer ist ...

eine Baumart (186)

ein Insekt oder kleines Tier (183)

ein kleiner, schwacher Mensch (185)

Der Leibwächter knurrt und lässt die Dolche in entgegengesetzten Richtungen durch die Luft kreisen. Du weichst aus, aber ein Dolch trifft dich am Arm. Du bist unverletzt, doch dein Hemd hat nun einen langen Riss. Der Leibwächter geht in die Knie und schlägt von unten zu, erst nach links, dann nach rechts. Du wehrst beide Schläge ab. Dann dreht der Angreifer sich und setzt zum Sprung an. Als er sich in der Luft befindet, hebst du dein Schwert über deinen Kopf und rammst es dem Angreifer in die Brust. Als er wieder den Boden berührt, ist er bereits tot.

Abermals donnert das Lachen *Katanos* durch den Raum. Weiße Blitzen zucken aus der Wolke, die weiter anschwillt und nun gelb glüht. Dein Ring glüht nun ebenfalls in strahlendem Gelb. Die Wolke ist so dicht, dass du das Gesicht *Katanos* nicht mehr sehen kannst, aber du hörst seine Stimme: „Deine Mühen sind umsonst. Dies ist mein Palast, mein Königreich. Und die Macht *Aschkalons* ist mit mir. In wenigen Augenblicken wird sich das Tor zur Schattenwelt öffnen, und ich werde Herrscher über eine Armee der Finsternis."

Der letzte der drei Leibwächter ist der größte. Er

ist breit wie ein Fass und trägt einen Speer mit zwei Spitzen.

kämpfen (187)

knurren: to growl, **entgegengesetzt**: opposite, **ausweichen**: to dodge, **treffen**: to hit, **unverletzt**: unharmed, **Hemd**: shirt, **Riss**: tear, **anschwellen**: to swell, **strahlend**: radiant, **dicht**: dense, **glühen**: to glow, **Mühen**: efforts, **umsonst**: futile, **Herrscher**: ruler, **Armee**: army, **Finsternis**: darkness, **Fass**: barrel, **Speer**: spear, **Spitzen**: points

Der Leibwächter knurrt und lässt die Dolche in entgegengesetzten Richtungen durch die Luft kreisen. Du schlägst zu und triffst ihn am Arm. Doch der Angreifer springt in die Luft und rammt einen Dolch in deine Schulter. Als du zu Boden sinkst, rammt er den zweiten Dolch in deine Brust.

von vorne beginnen (8)

knurren: to growl, **entgegengesetzt**: opposite, **kreisen**: to circle, **Angreifer**: attacker

Der Leibwächter knurrt und lässt die Dolche in entgegengesetzten Richtungen durch die Luft kreisen. Du schlägst zu und triffst ihn am Arm. Doch der Angreifer springt in die Luft und rammt einen Dolch in deine Schulter. Als du zu Boden sinkst, rammt er den zweiten Dolch in deine Brust.

von vorne beginnen (8)

knurren: to growl, **entgegengesetzt**: opposite, **kreisen**: to circle, **Angreifer**: attacker

Welches Wort ist *kein* Synonym für „König"?

Herrscher (188)

Machthaber (189)

Hirsch (190)

Der Leibwächter wirbelt den Speer durch die Luft. Von links sticht er zu. Du weichst nach rechts aus, machst eine Drehung, aber da kommt der Speer von rechts auf dich zu. Du weichst abermals aus, springst zur Seite, holst zum Schlag aus, aber der Wächter weicht aus. Du schlägst ins Leere. Er knurrt und hält den Speer mit beiden Händen, die Spitze nach vorne. Dann rennt er auf dich zu. Bevor du ausweichen kannst, wirft der Wächter seine Waffe, und die Speerspitze trifft dich mitten ins Herz.

von vorne beginnen (8)

wirbeln: to swirl, **werfen**: to throw, **Waffe**: weapon, **Speerspitze**: spear head

Der Leibwächter wirbelt den Speer durch die Luft. Von links sticht er zu. Du weichst nach rechts aus, machst eine Drehung, aber da kommt der Speer von rechts auf dich zu. Du weichst abermals aus, springst zur Seite, holst zum Schlag aus, aber der Wächter weicht aus. Du schlägst ins Leere. Er knurrt und hält den Speer mit beiden Händen, die Spitze nach vorne. Dann rennt er auf dich zu. Bevor du ausweichen kannst, wirft der Wächter seine Waffe, und die Speerspitze trifft dich mitten ins Herz.

von vorne beginnen (8)

wirbeln: to swirl, **werfen**: to throw, **Waffe**: weapon, **Speerspitze**: spear head

Der Leibwächter wirbelt den Speer durch die Luft. Von links sticht er zu. Du hebst dein Schwert und schlägst zu. Der Speer bricht entzwei. Der Wächter hält jetzt in jeder Hand einen halben Speer. Er brüllt und rennt auf dich zu. Du weichst aus und er rennt an dir vorbei, geradewegs auf deinen Bruder Akon zu.

Einen Augenblick später hält er die Speerspitzen an Akons Hals.

„Halt!", ruft Prinz *Katano* hinter der Wolke. Er erhebt sich langsam von seinem Thron und sagt: „Du hast gut gekämpft, Fremdling, aber jetzt ist es aus. Das Portal ist bereit. Die Schattenwelt wartet."

Katano steigt von seinem Thron herab, stellt sich mitten in die Wolke, welche nun rot pulsiert, und streckt seine Arme aus. Dein Ring pulsiert nun ebenfalls in feurigem Rot.

Er beginnt etwas zu murmeln und die Wolke schwillt weiter an, sie wächst und bildet eine Art Kugel. An der Oberfläche der Kugel zucken weiße Blitze entlang. Es donnert leise.

„Er verschwindet", ruft Akon, und tatsächlich, *Katano* scheint sich in der Wolke aufzulösen. „Lass ihn nicht gehen!", ruft Akon. Der Wächter gibt ihm einen Tritt in den Magen und er fällt zu Boden.

Akon aus dem Griff des Wächters befreien (192)

Prinz *Katano* ergreifen (193)

wirbeln: to swirl, entzweibrechen: to break in two, brüllen: to bellow, Speerspitze: spear head, Fremdling: stranger, aus sein: to be over, Portal: portal, herabsteigen: to climb down, sich stellen: to place oneself, die Arme ausstrecken: to spread one's arms, feurig: fiery, murmeln: to mumble, Kugel: sphere, Oberfläche: surface, leise: softly, verschwinden: to disappear, tatsächlich: indeed, auflösen: to dissolve, Tritt: kick, Griff: grip, befreien: to free

Die Form des Prinzen scheint sich in der Wolke aufzulösen. Seine Umrisse werden blasser und blasser. „Sei unbesorgt! Wir werden uns wiedersehen!", ruft *Katano* und lacht. Die Wolke flackert in sämtlichen Farben und dehnt sich immer schneller aus. Dann gibt es einen Knall, die Wolke zieht sich ruckartig zusammen und verschwindet.

Als du dich umdrehst, steht der Wächter vor dir. Bevor du dein Schwert ziehen kannst, rammt er einen halben Speer in deine Brust. Als du zu Boden fällst, bemerkst du Akons Leiche. Du willst dich rächen. Aber es ist zu spät. Du bist tot.

von vorne beginnen (8)

blass: pale, **unbesorgt**: unconcerned, **jdn. wiedersehen**: to meet sb. again, **sämtlich**: all, **ausdehnen**: to expand, **zusammenziehen**: to contract, **ruckartig**: suddenly, **Leiche**: corpse, **rächen**: to revenge

Die Form des Prinzen beginnt in der Wolke zu verschwinden. Seine Umrisse werden blasser und blasser. „Verzeih mir, Bruder Akon", rufst du und gehst langsam auf die Wolke zu. Weiße Blitze zucken dir entgegen und du hörst ein tiefes Donnern.

Du berührst die Wolke mit einem Finger und spürst ein Kribbeln in deinen Armen, als ob tausend Ameisen über deine Haut laufen. Da bemerkst du, dass du durch deine Hand hindurch auf den Fußboden sehen kannst. Der Ring des Priesters leuchtet blendend-weiß. Nicht nur deine Hand, dein Arm, dein gesamter Körper ist durchsichtig. „*Ygbal* sei mit dir!", ruft Akon, doch du hörst ihn nur leise in all dem Donnern.

Du drehst dich ein letztes Mal um. Dann steigst du in die Wolke hinein.

~

Umrisse: outlines, **jdm. verzeihen**: to forgive sb., **Kribbeln**: tingling, **Ameisen**: ants, **blendend**: blinding, **durchsichtig**: translucent, **hineinsteigen**: to step inside

FORTSETZUNG FOLGT ...

(to be continued ...)

About this Book

© 7/2014, LearnOutLive

Concept, story & formatting: André Klein
   andreklein.net

Illustrations: Sanja Klein
   statusquovadis.deviantart.com

Some icons by *Flight of the Dragon* via:
   dafont.com/flight-of-the-dragon.d720

About the Author

André Klein was born in Germany, has grown up and lived in many different places including Thailand, Sweden and Israel. He is the author of various short stories, picture books and non-fiction works in English and German.

Website: andreklein.net
Twitter: twitter.com/barrencode
Blog: learnoutlive.com/blog

Acknowledgements

A big thank you to everyone who contributed constructive feedback and editing along the way.

This book is an independent production. Did you find any typos or broken links? Send an email to the author at andre@learnoutlive.com and if your suggestion makes it into the next edition, your name will be mentioned here.

Get Free News & Updates

Go to the address below and sign up for free to receive irregular updates about new German related ebooks, free promotions and more:

www.learnoutlive.com/german-newsletter

Maps & More

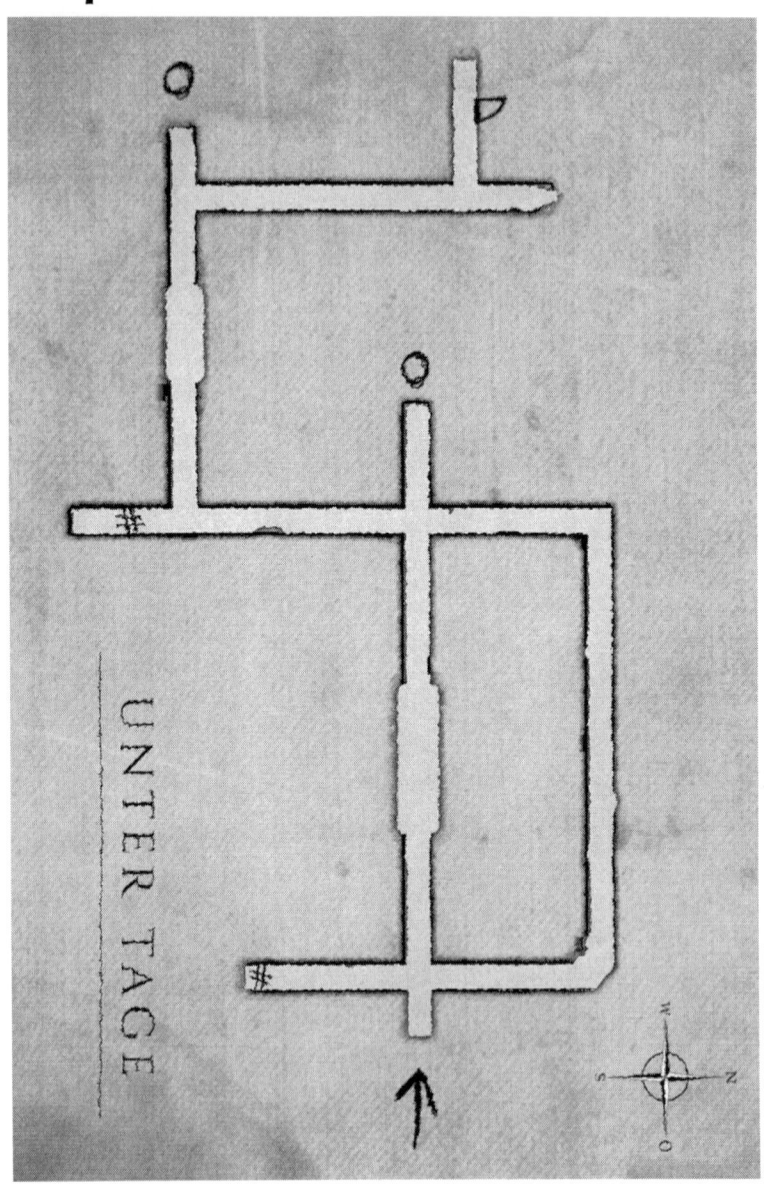

DER PALAST

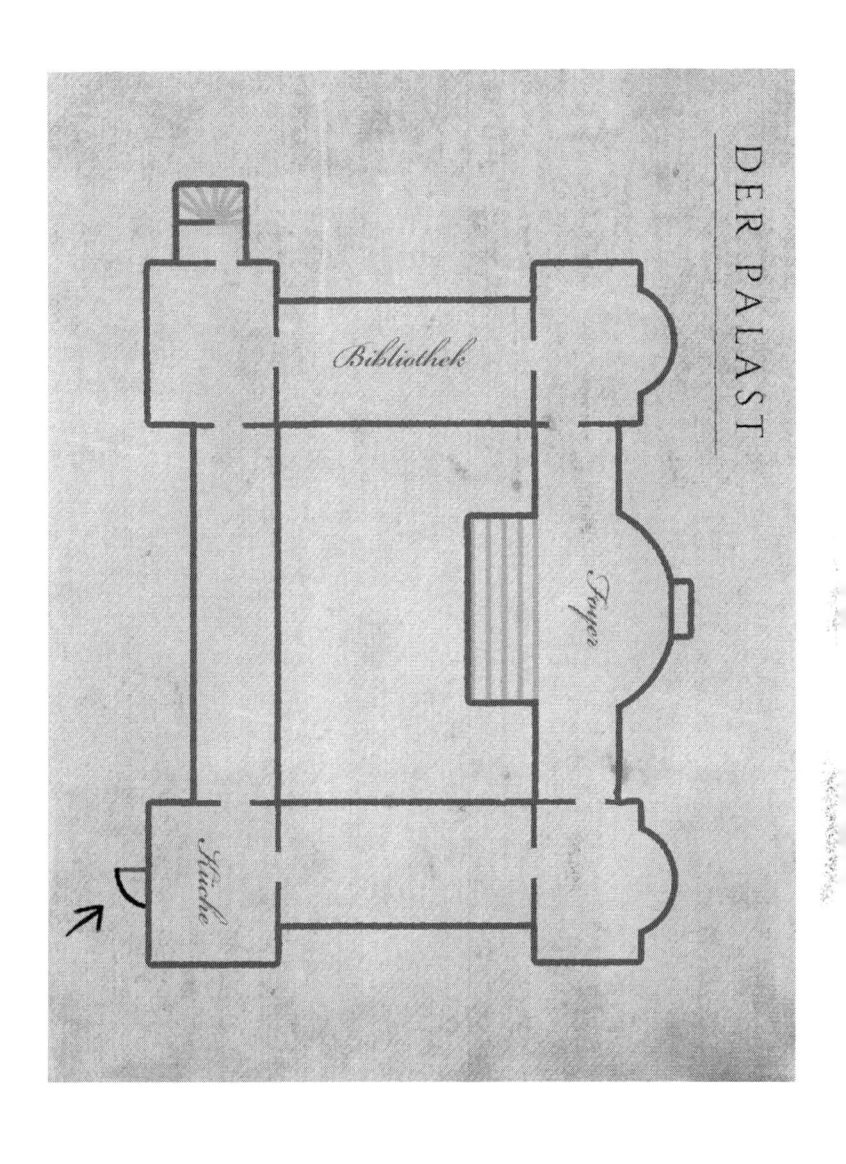

Bibliothek

Foyer

Küche

DER KERKER

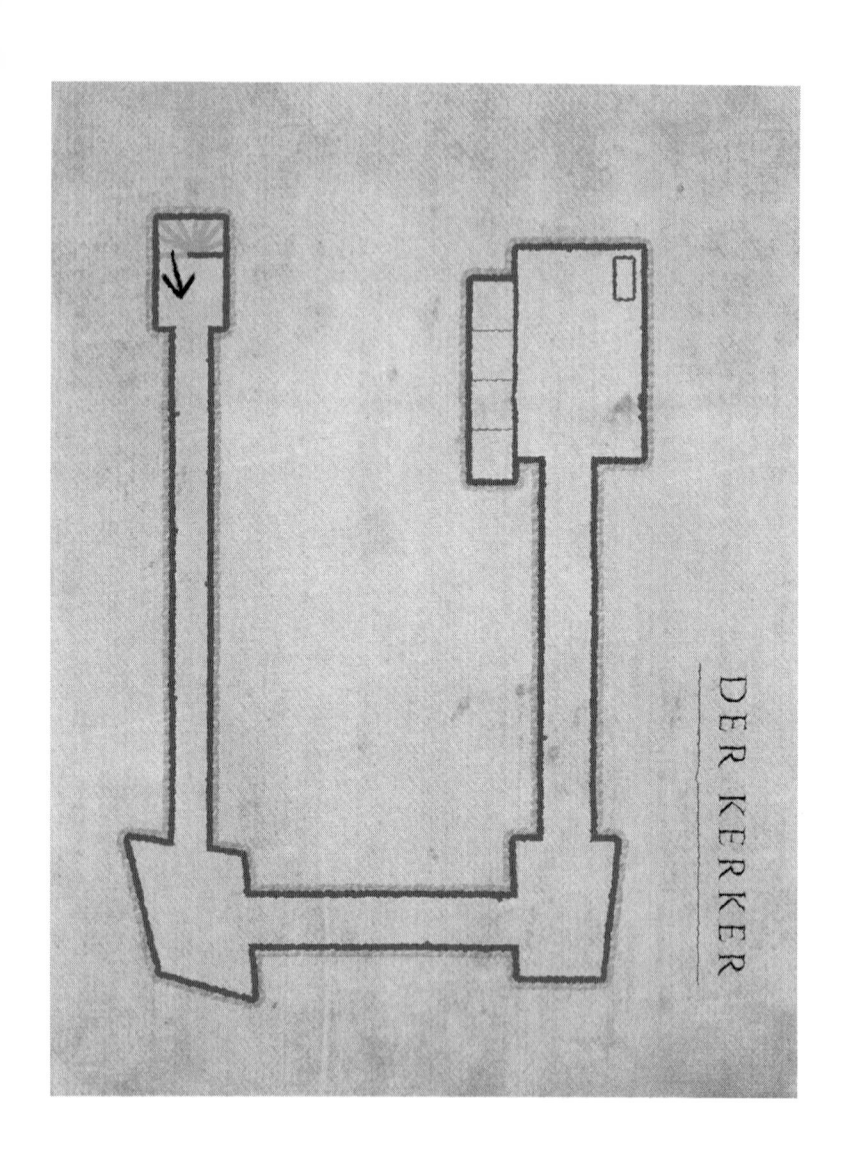

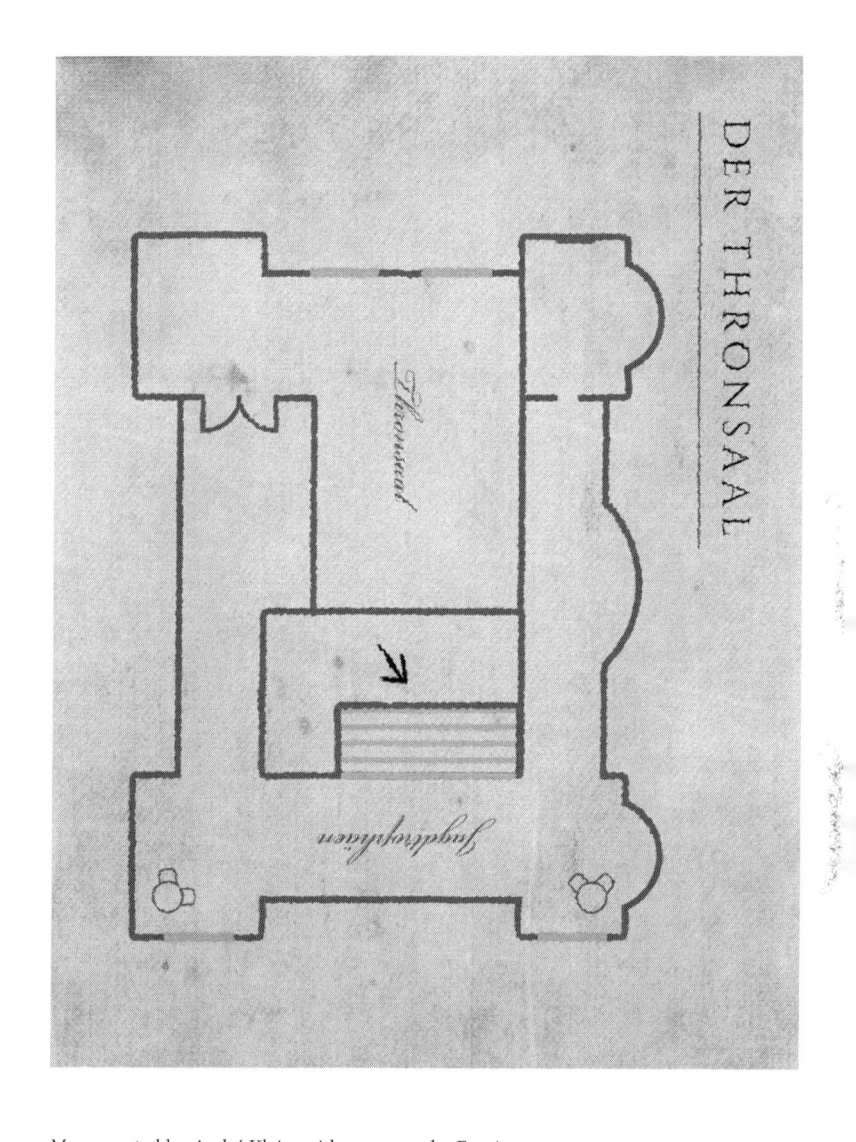

Maps created by André Klein, with resources by Fuzzimo.

PDF download: learnoutlive.com/shanima-maps

You Might Also Like ...

This is the sequel to Shanima:

The evil prince Katano has withdrawn to the secret realm of shadows, from where he plans to unleash an army of unspeakable terror onto the world. Only you can confront him. But will you withstand the seduction of dark forces yourself?

available as paperback and ebook

Des Spielers Tod

In a seedy internet café the dead body of a teenager is found. What caused his death? Did he die from exhaustion or was it murder? Help Kommissar Baumgartner and his colleague Katharina Momsen unravel this mystery and improve your vocabulary at the same time!

available as ebook & paperback

Fred Der Fisch

A picture book for the young and young at heart about an unusual friendship between two pets.

available as ebook edition

Newly arrived in Berlin, a young man from Sicily is thrown headlong into an unfamiliar urban lifestyle of unkempt bachelor pads, evanescent romances and cosmopolitan encounters of the strangest kind. How does he manage the new language? Will he find work?

available as paperback and ebook

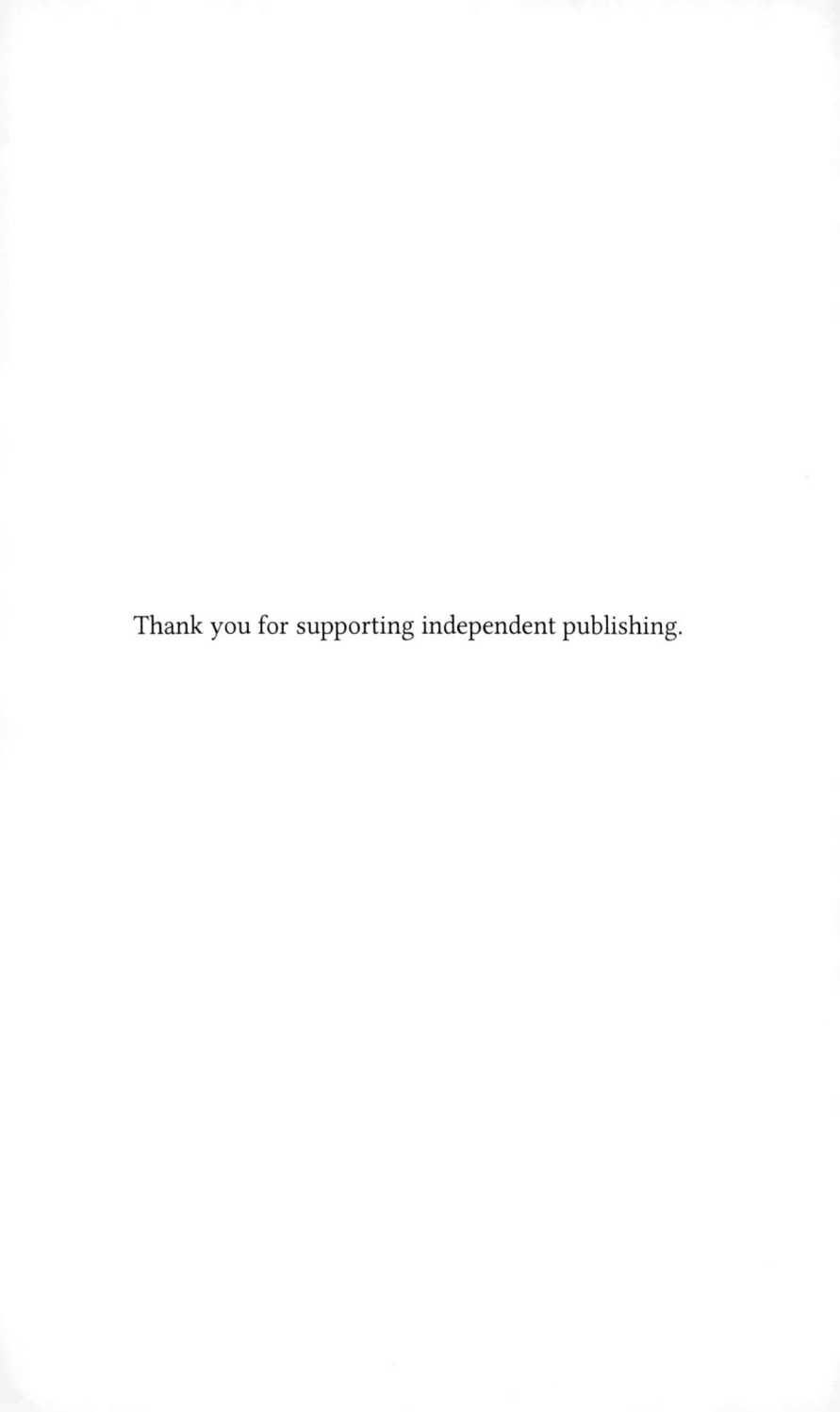

Thank you for supporting independent publishing.

learnoutlive.com

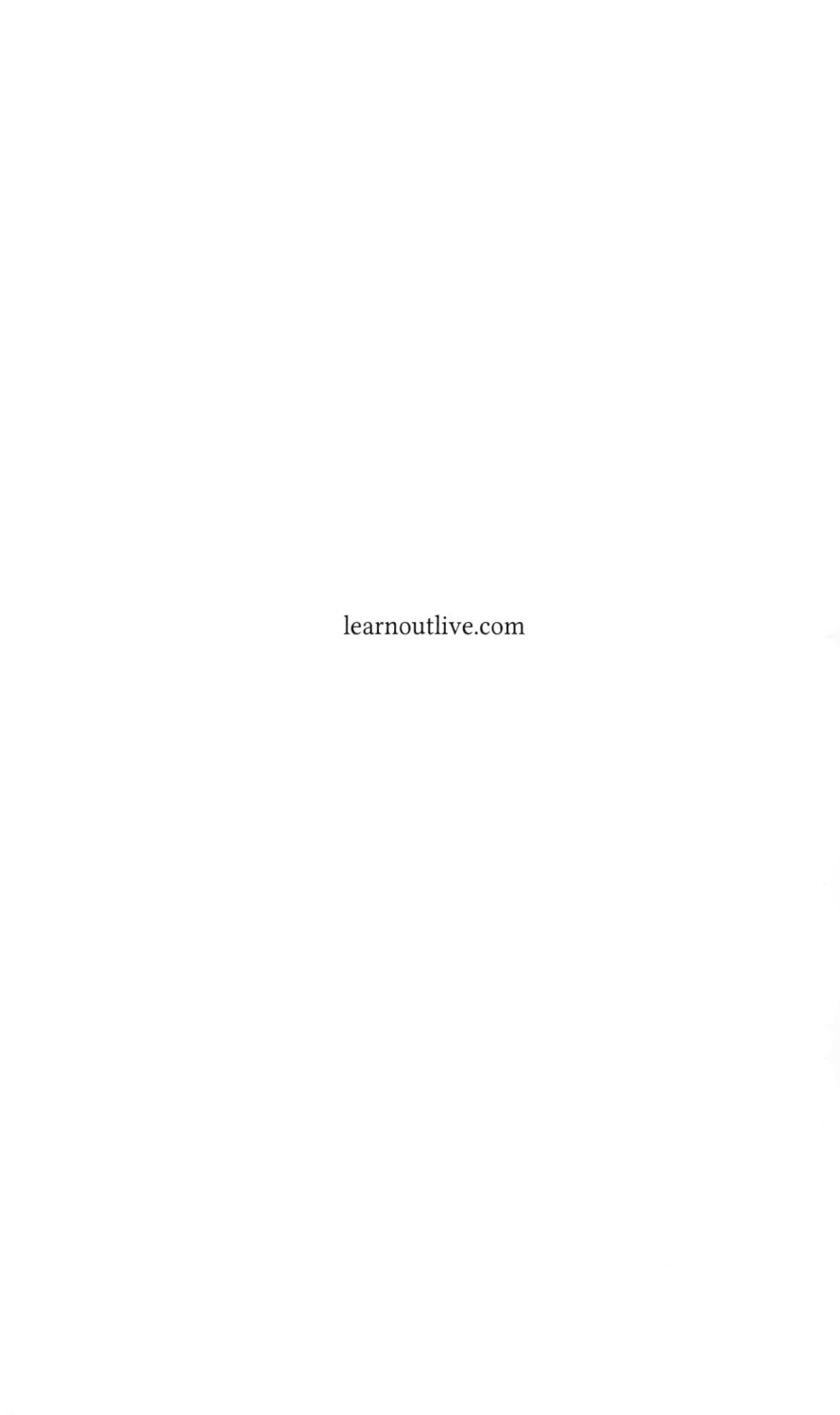

Printed in Poland
by Amazon Fulfillment
Poland Sp. z o.o., Wrocław